◆

Teachings of the Shaman

GOD HEALING

シャーマンの教え

◆

ディバイン・セレスティアル・ヒーラー

石橋 与志男

◆

聞き手

石橋マリア

◆

はじめに

私は現在、佐賀県の武雄《たけお》市に「コスモライト石橋」という施術院を構え、国内外から訪ねてこられる多くのクライエントの方々の施術にあたっています。

直接来院可能な方だけでなく、歩行困難や重度の障害などで、移動が難しい方はＳｋｙｐｅなどでの遠隔施術も行っているため、その施術件数は１日およそ２００件もの数になります。それは、約20年間で、１５０万件を超える施術にあたってきたことになります。

私を訪ねてこられるクライエントの方の多くは、難病や奇病、癌やリウマチなど、これまで西洋医学では完治が難しいとされてきた病気を患い苦しんでいたり、原因不明の体調不良や霊障のような症状に長年悩まれていたり、トラウマやうつなど精神的苦痛に苛まれていたりなどと、さまざまな病状や苦悩を抱えていらっしゃいます。

どこの病院で診てもらってもダメだった、わからなかった、良くならなかったといった方が、奇跡のような回復・改善を実際に体験したことで、口コミや紹介を伝手《つて》に訪ねてこられるのです。

海外からご連絡をいただくことも多く、取材などの依頼も多いのですが、これまでは、そういったお話はすべてお断りし、私が自分の名を売り、世の中に出ていくようなことは一切してきませんでした。緊急の事故や体調の急変などの相談連絡もあります。寝る間も惜しんで施術をし続ける毎日ですので、物理的にも時間を割いている暇がありませんでした。

しかしながら世の中が激変し、混迷をきたしている現在、日本のみならず、地球に存在する世界中の人々が、そして自然界が悲鳴を上げ始めています。

これは、今すぐにでも私の学んできた術を公開し、一人でも多くの人の能力開花を促し、可能な限り自らの肉体と心、そして魂の力を引き出す自己治癒力を身につけていただかないと、手遅れになると。

正直これまでにない危機感を覚えるこの世界で、今こそ多くの人々へ伝えなければいけないという使命を感じてこの能力と学びで得た智を公開することにしたのです。

人間の肉体は本来完全な小宇宙であり、心と魂を使って宇宙と地球の間でエネルギーを循環させる霊止《ひと》という存在です。天・地・人（宇宙・地球・あなた）をつなぐ無限のエネルギーは存在します。その媒介者となり、霊止となってその力を活用すれば、人生を愛と感謝に満ちた豊かなものに創り直すことは、とてもシンプルで簡単なことなのです。

私は今の世の中を変えたい。そのためには、人間の持つ本来の超・能力を呼び覚まし、最大の力を発揮できる霊止を一人でも多く目覚めさせなければなりません。

私がこの本でお伝えしたいことは、これまで、多くの人が知り得なかった、人間という存在の目に見えない本来の構造と、能力を正常に機能させるための稼働システムです。

それは、人間の取り扱い説明書とも言うべき精神と肉体のしくみ、人間という存在の能力開花の方法、自己治癒の方法などです。

もちろん、私は一般的な人間とは異なる、いわゆる「シャーマン」と呼ばれる特殊な能力者であることは事実であり、私の行う施術は「GOD HEALING」と呼ばれる現代医学だけでは説明がつかない現象を起こすものです。

ですから、私の施術同様に今の状態を自分だけですぐに改善することは難しいかもしれませんが、これまでの私の学びから得られた真理を知ることで、少なくとも、今の状態がなぜ起きているのか、どうすれば悪い状態にならずに済むのかといった、改善につながるたくさんの答えを得ることは可能だと思っています。

ただ、能力者であっても私自身も生まれながらのギフトに甘んずることなく、世界中を周り、修行と学びを自らに課した長い年月があることも、この本の中で追々お伝えしていきましょう。

あなたがもし今、何かしらの苦悩を抱えて生きているのだとしても、それが一生続くわけではなく、必ず良くなっていくはずです。なぜなら、能力を開花させることで、人間の持つエネルギーは限りなく増幅し、自らを改善させることが可能になるからです。

人生に起きる苦悩は、唯一無二のあなたの人生を生きるための、ひとつの経験にほかならない。人間は本来、個別の能力を開花し、神化する力を備えるための課題を与えられているのです。

そして今、人類が再びパンドラの箱を開けるときがやって来ました。

パンドラの箱を開けると出てきたのは災い、不幸、悪でしたが、それらが出尽くした最後に残ったのが希望でした。このようにすべて出し切れば、最後には希望が残ります。これが陰と陽の宇宙の法則でもあるのです。

本書は、この本を手にしたあなたを、最後の希望の存在に等しいものにするための指南書（それは魔法使いの日本人に戻すために必要な方法）です。

あなたがこの日本で、愛の希望となることを願っています。

ディバイン・セレスティアル・ヒーラー

石橋　与志男

図解

能力開花のために

各章で解説したポイントをイメージするための図版です。
能力開花のための参考資料としてご覧ください。

図1

九星と五行との関係性

「相生」→　良い影響を与える

「相剋」⋯>　悪い影響を与える

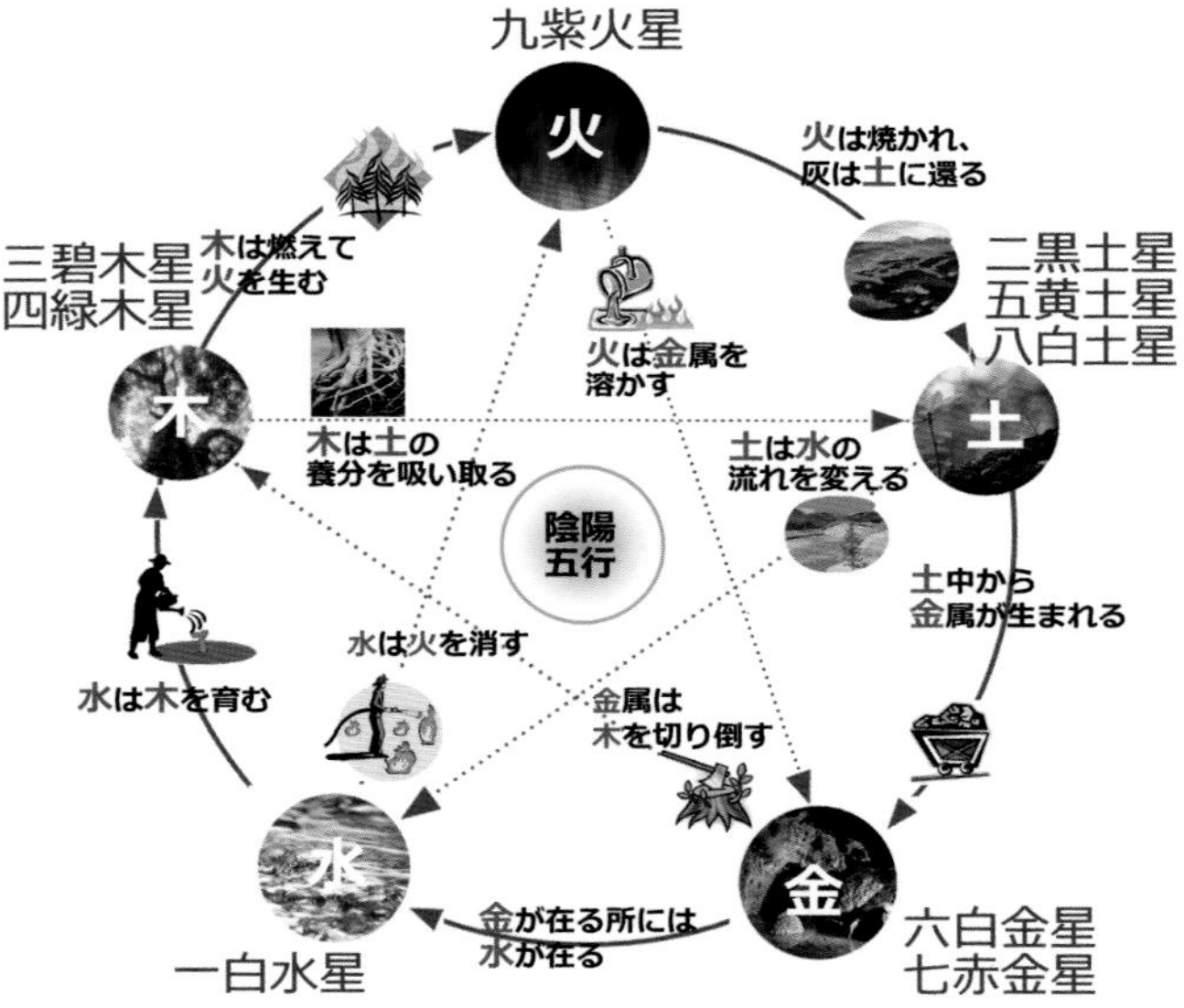

自分の星から相性を導き出す

九星占術による一白水星から九紫火星を陰陽五行の関係性で示した図版です。相生、相剋を理解しましょう。

図2　思いが発する病気の循環

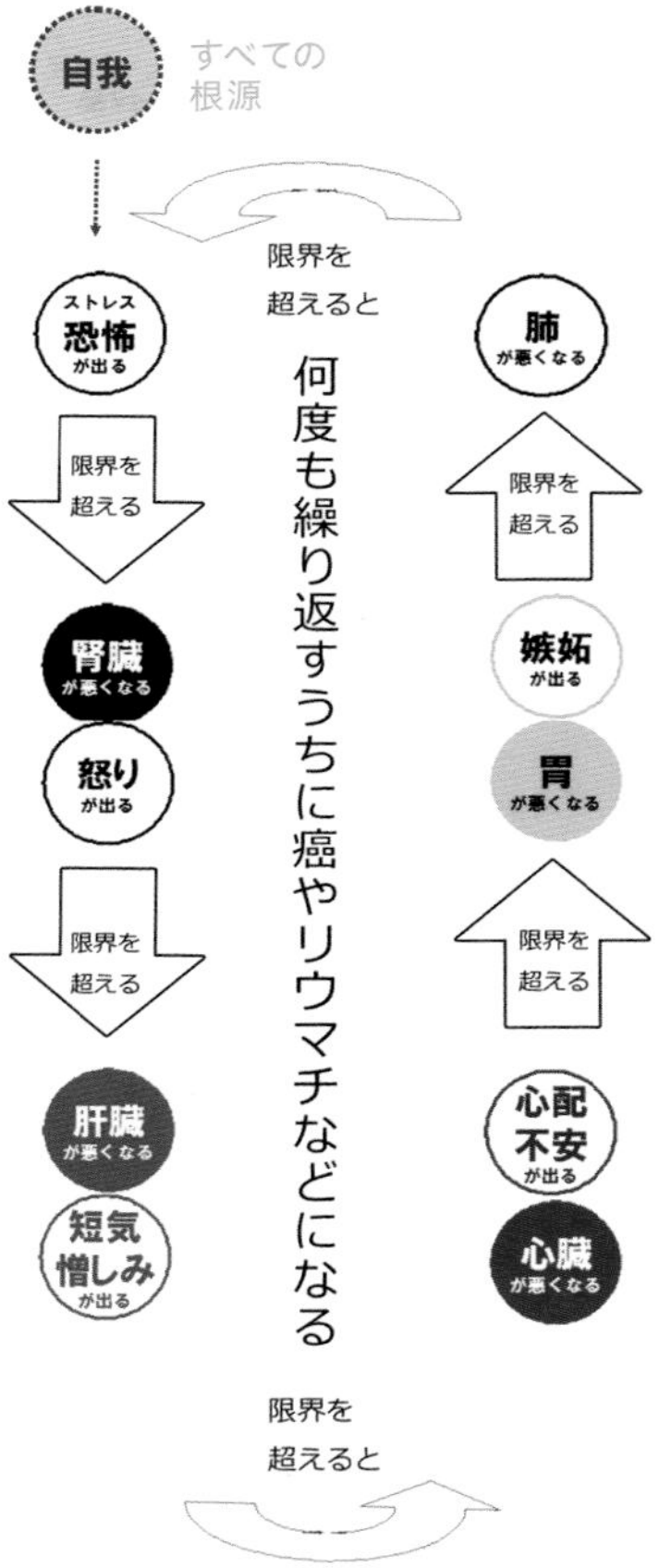

病気の原因となる思い

ストレス・イライラ・僻み
恨み・辛み・愚図・躁鬱
無関心・やきもち・優柔不断
寂しさ・プレッシャー・気苦労

改善するための思い

自愛・素直・感謝
謙虚・敬い・知恵・思慮
公平・明るさ・忠実・勤勉
努力・向上

思い方が病の要因

あなたの思い方（恐怖、怒り、短気･憎しみ、心配･不安、嫉妬《しっと》）が各臓器に影響し、それを何度も繰り返すと病気になります。

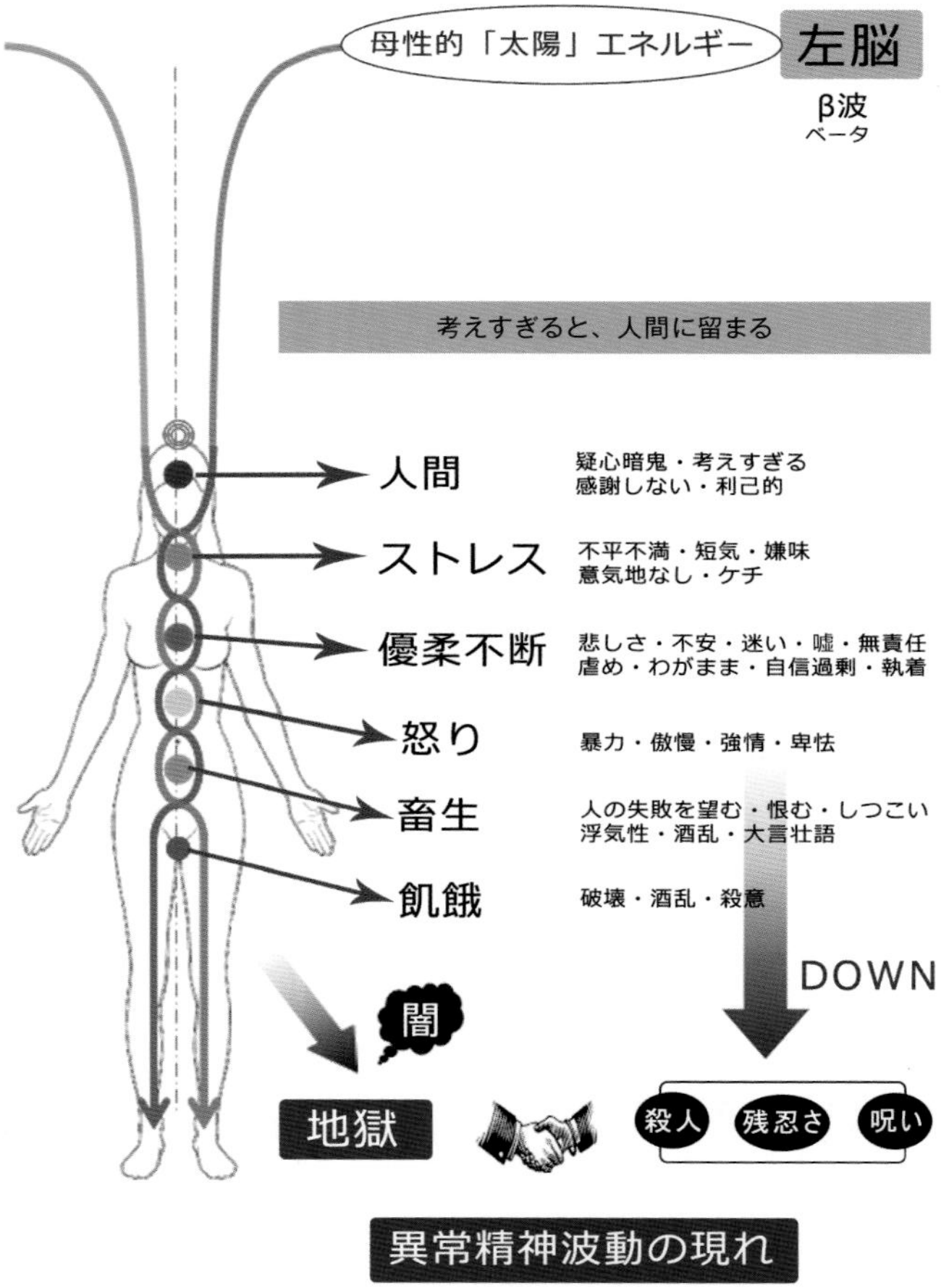
母性的「太陽」エネルギー
左脳
β《ベータ》波
考えすぎると、人間に留まる
人間
疑心暗鬼・考えすぎる
感謝しない・利己的
ストレス
不平不満・短気・嫌味
意気地なし・ケチ
優柔不断
悲しさ・不安・迷い・嘘・無責任
虐め・わがまま・自信過剰・執着
怒り
暴力・傲慢・強情・卑怯
畜生
人の失敗を望む・恨む・しつこい
浮気性・酒乱・大言壮語
飢餓
破壊・酒乱・殺意
DOWN
闇
地獄
殺人
残忍さ
呪い
異常精神波動の現れ

図3　霊止《ひと》になる— 脳と感情の関係

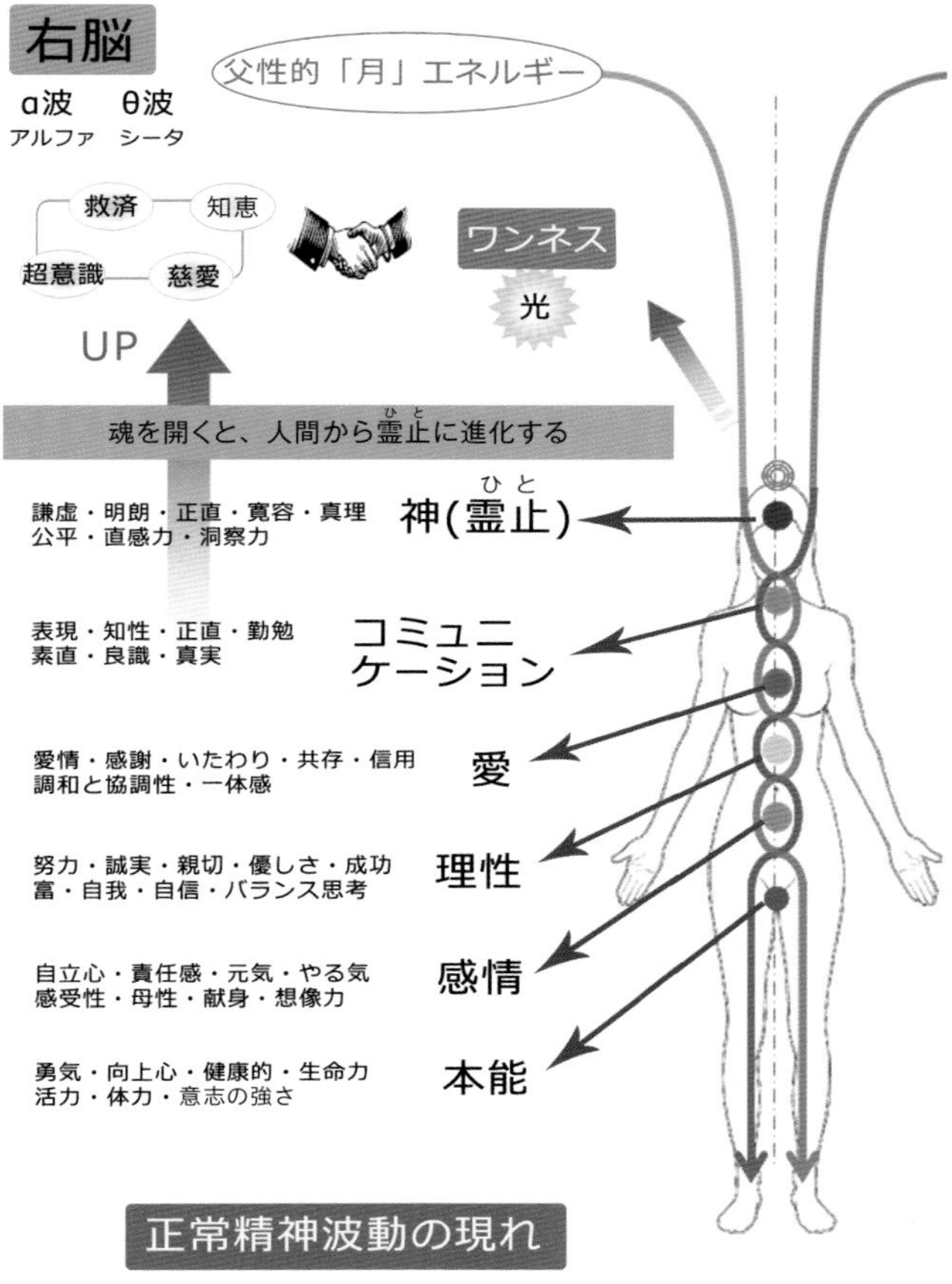

魂を開くと、人間から霊止《ひと》になる

間違った思い込みに囚《とら》われず考えすぎないことで、魂を開くと霊止になれます。愛、博愛、慈愛を学びワンネスになるのです。

図4

四魂

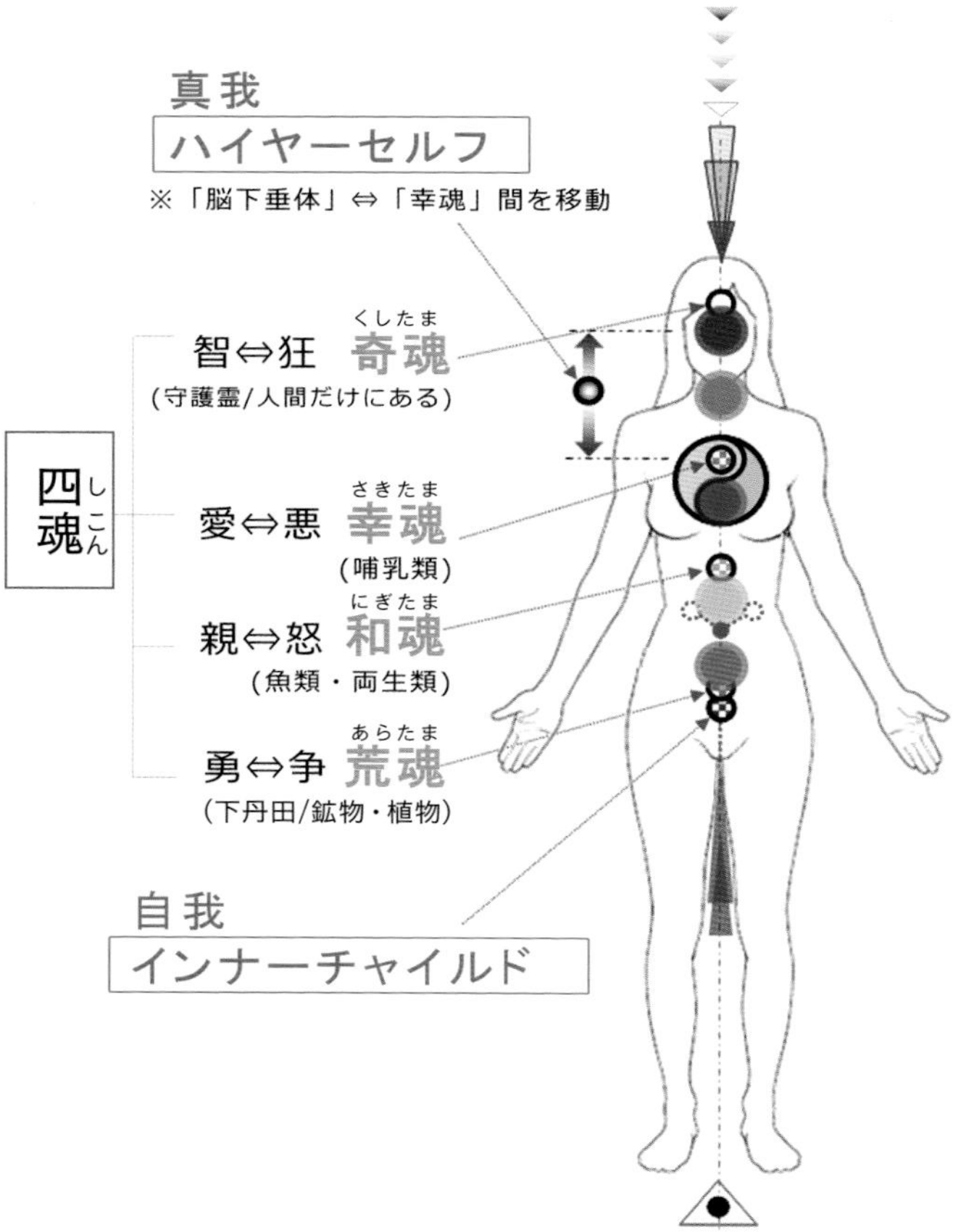

四魂が存在する基本的な場所

四魂(荒魂·和魂·幸魂·奇魂)それぞれの魂を意識し、それらを磨き、鍛錬し、天と地とつながるための準備をしましょう。

図5

エネルギー体

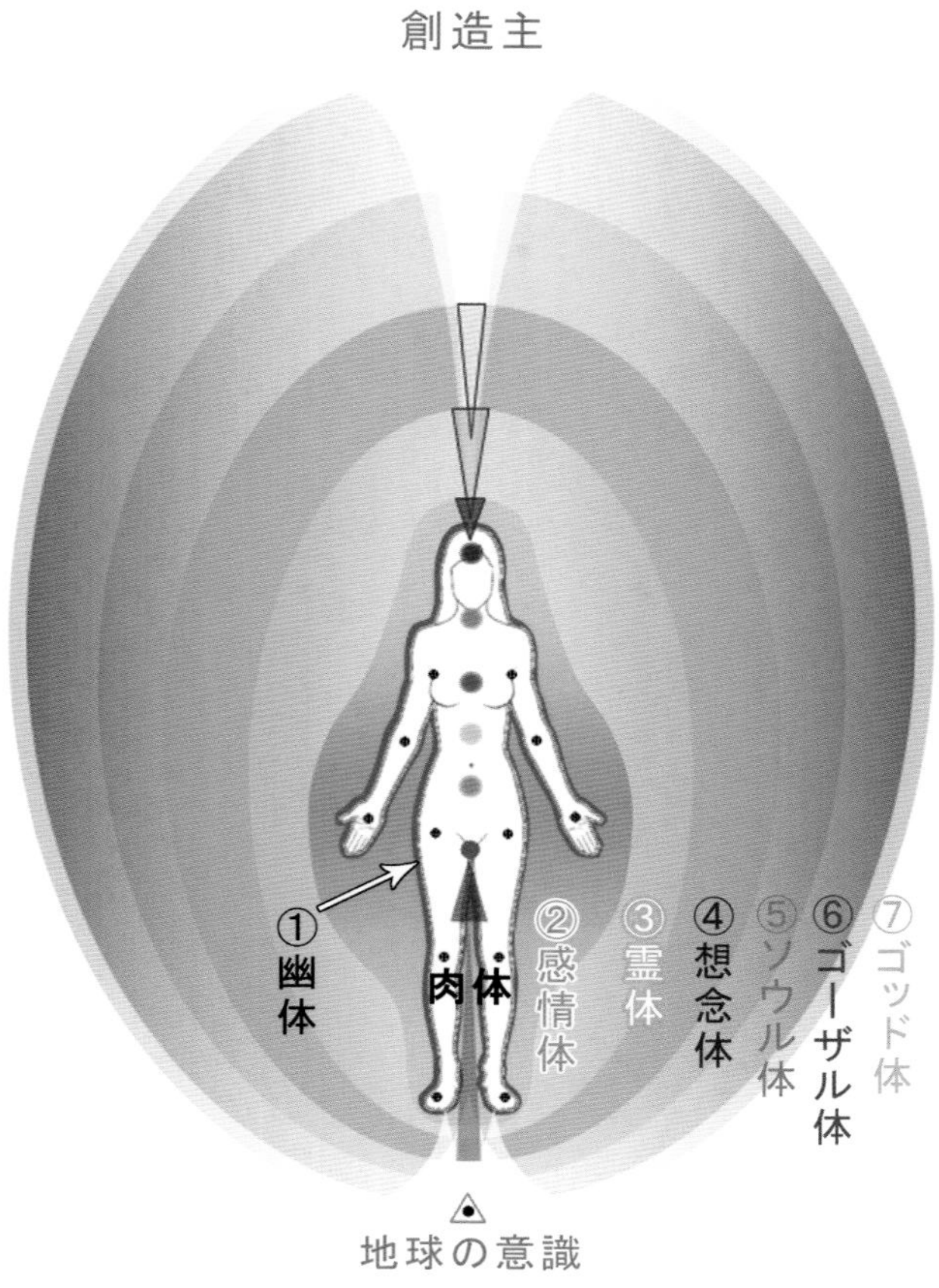

あなたは7つのエネルギー体（オーラ）を纏っています

実際のあなたはこの7つのエネルギー体（オーラ）を纏《まと》った姿をしています。感情や想念など内面がこのエネルギー体に表れているのです。

図6

生命エネルギー

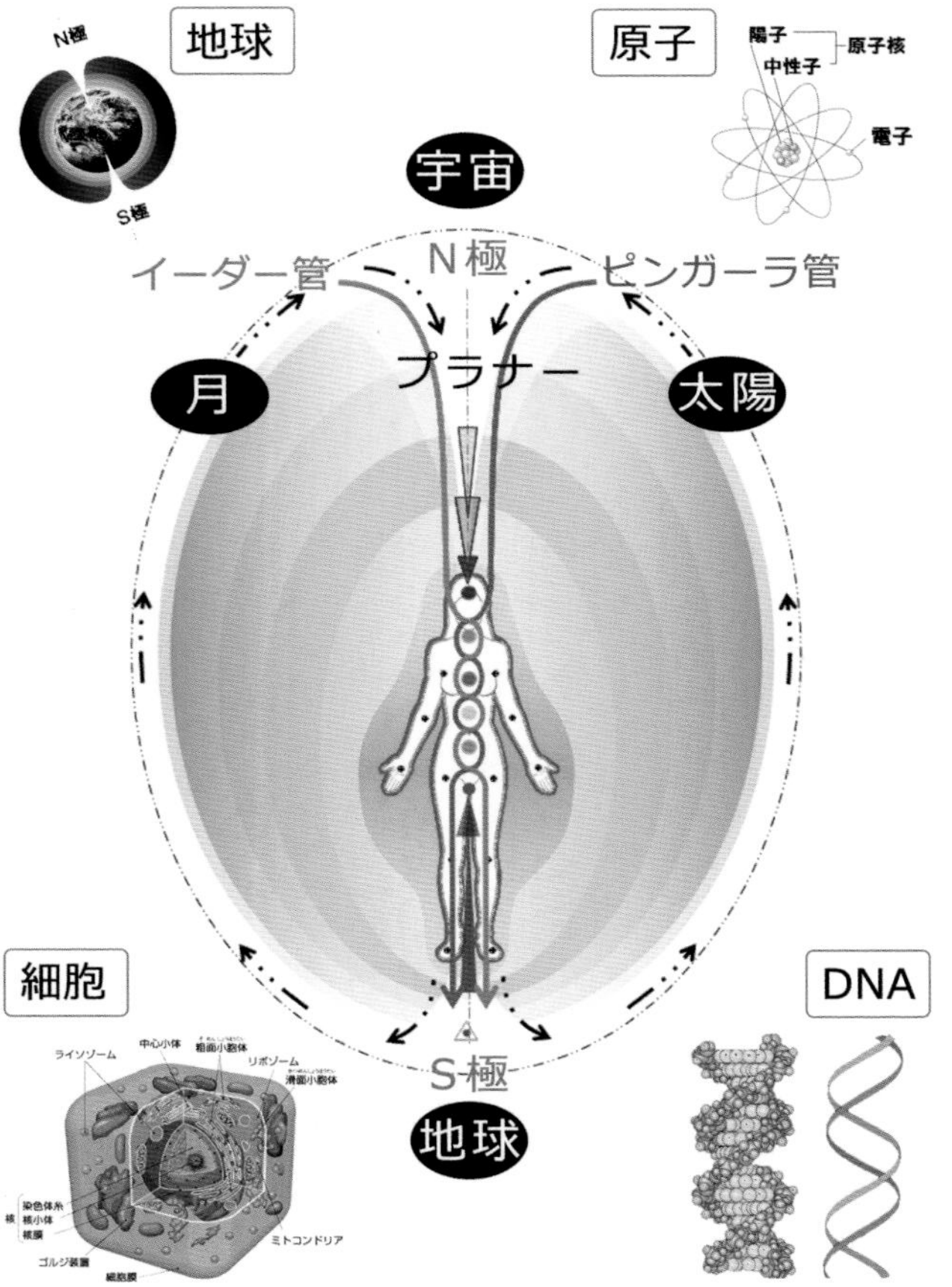

宇宙を循環する生命エネルギー

生命エネルギー・プラナーは、宇宙を循環しているのです。「天・地・人（宇宙・地球・あなた）」の天（宇宙）とつながることでプラナーを吸収できるのです。

図7　チャクラと多次元エネルギー体との関係

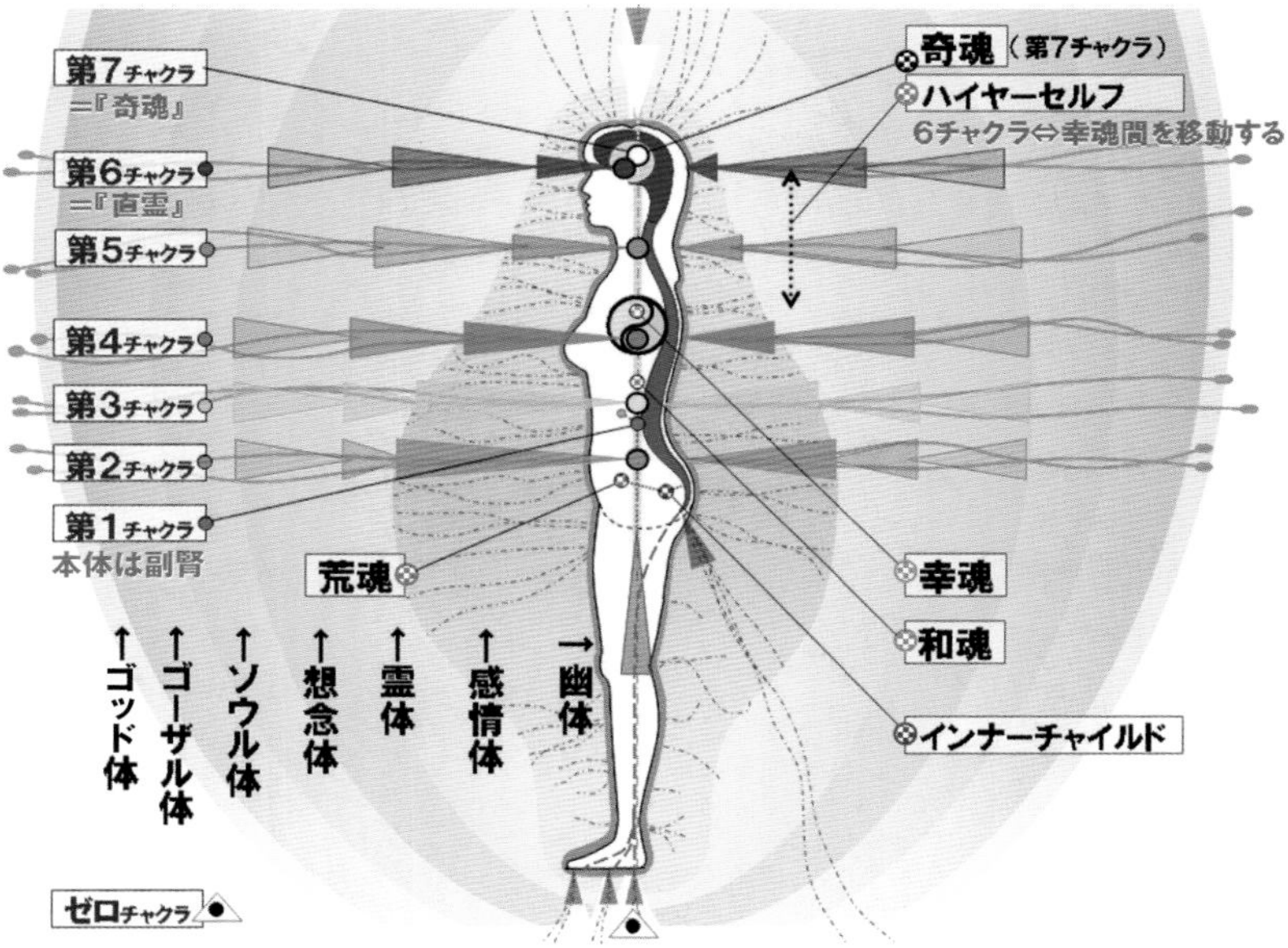

チャクラは7つのエネルギー体にもつながっている

チャクラから伸びた触手が、人間が纏った7つのエネルギー体にもつながり機能しているのです。

図8 チャクラとツボの関係

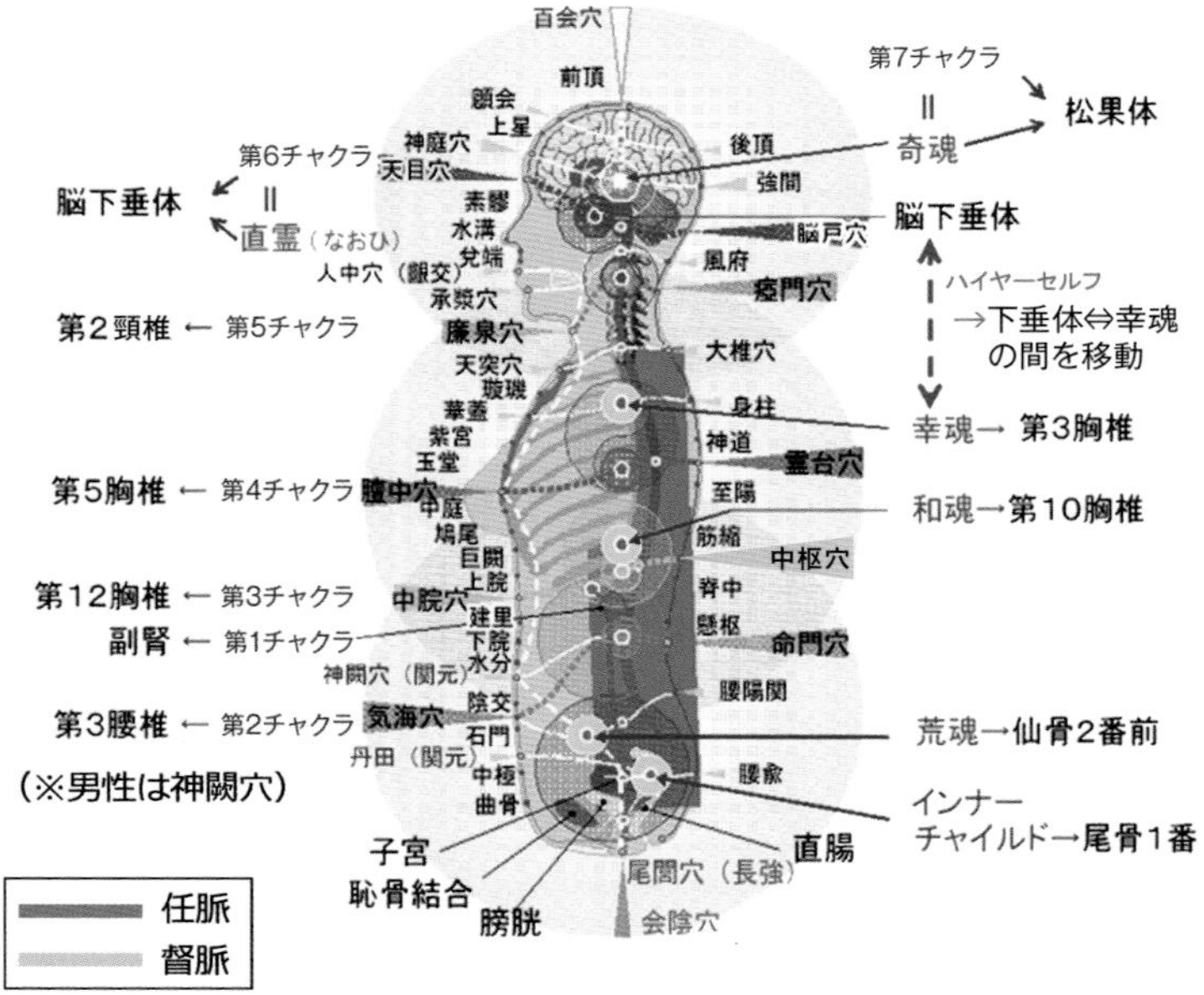

主要7チャクラと背骨とツボ（経穴）

人間の断面を見ると脳内の松果体、下垂体、そしてポイントになる背骨と主要7チャクラ、四魂の位置関係が理解できます。

図9

経絡

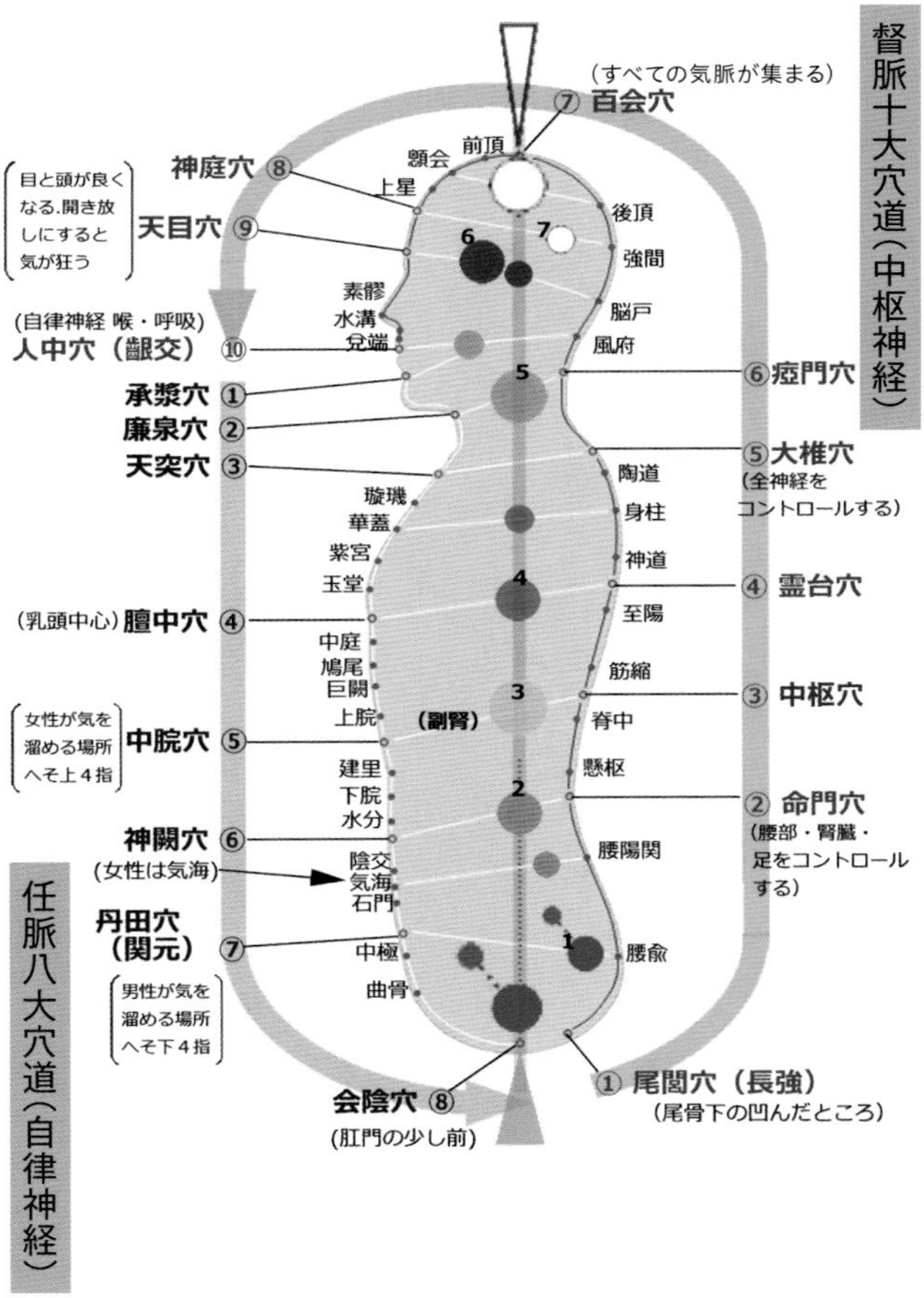

鍛錬のために理解すべき経絡

任脈八大穴道と督脈十大穴道と主要7チャクラとの関係性を示した図版です。大周天、小周天はこれらの経絡を意識して鍛錬します。

図10　小周天・大周天

小周天

大周天

小周天・大周天をマスターせよ

天と地とつながるための最低限の修行が「仙骨呼吸」「丹田呼吸」「小周天」「大周天」なのです。

図11　**チャクラとのつながり**

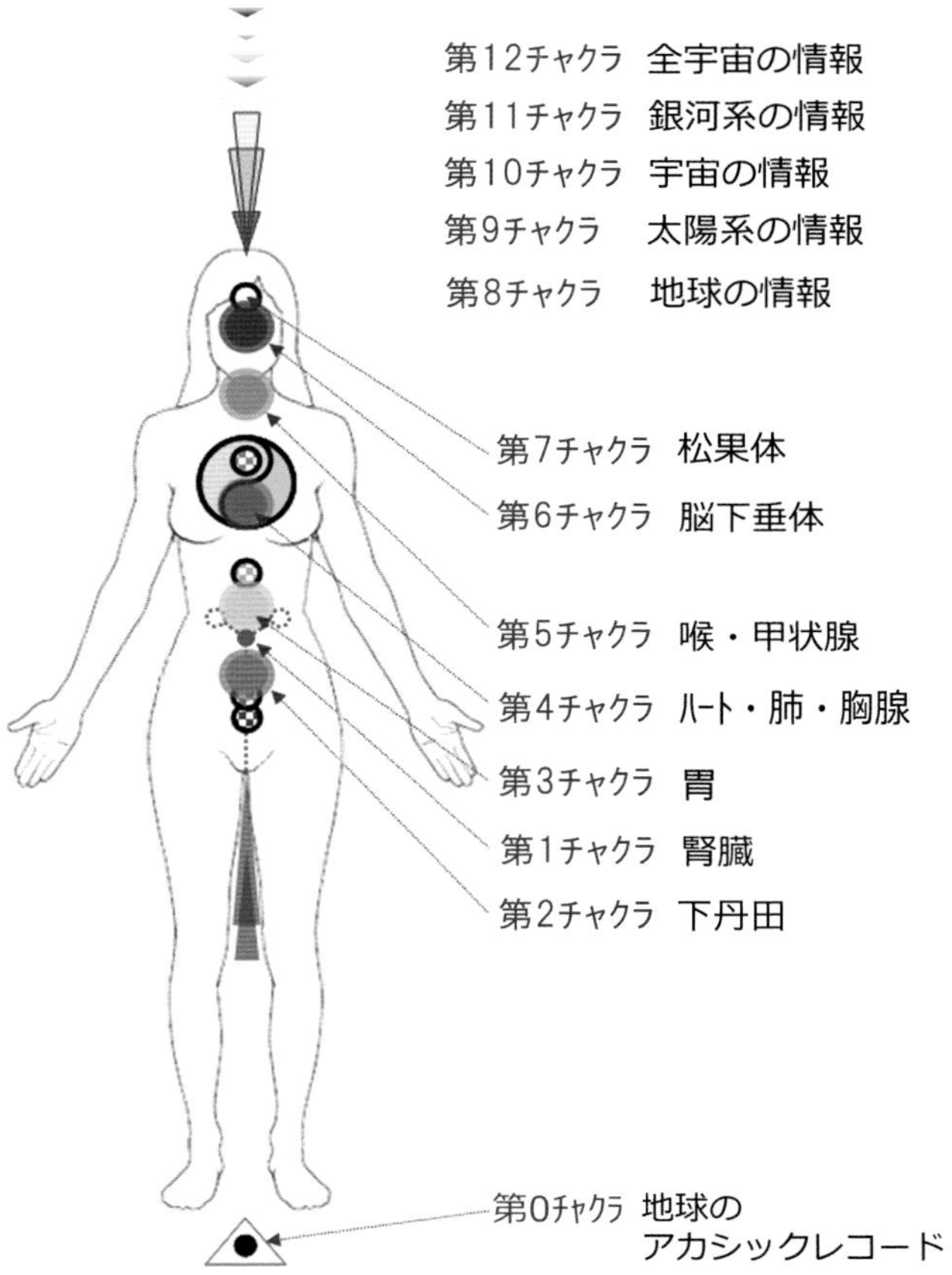

12のチャクラを開放して、天と地につながる

開放すべき主要7チャクラと、天と地とつながるため必要な
6つのチャクラを表した図版です。

図12

波動共鳴のしくみ

音叉の共鳴

ひとつの音叉を叩くと、空気を媒体として音（エネルギー）が伝わり、音叉同士で共鳴する。

※上音はすぐに消え、純音のみが残る

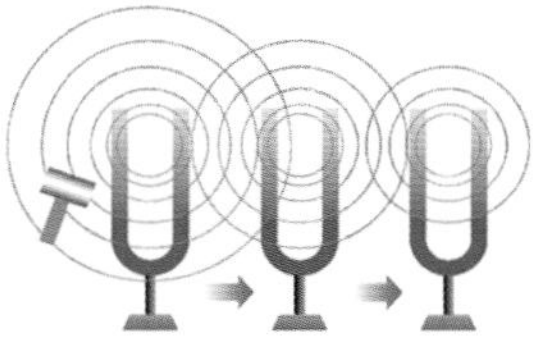

振り子の共振

A球を振動させると、糸を媒体として同じ長さの糸のC球に振動（エネルギー）が伝わり、交互に共振する。

※違う糸の長さのB球は振動しない

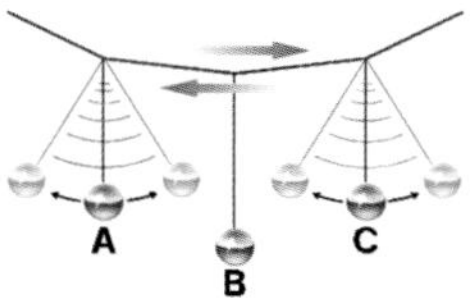

このような共鳴（共振）の原理が最も活かされるのが「水」！

人体を構成している70％の体内水分と、外から摂取する水分が波動共鳴を起こすと…

↓

水に入っている情報で体内を満たしていくことができる！

波動共鳴で体内の情報を活性化する

外部からの情報を体内水分により隅々まで浸透させることが必要なのです。

図13　基本的な骨格（頸椎、胸椎、腰椎）

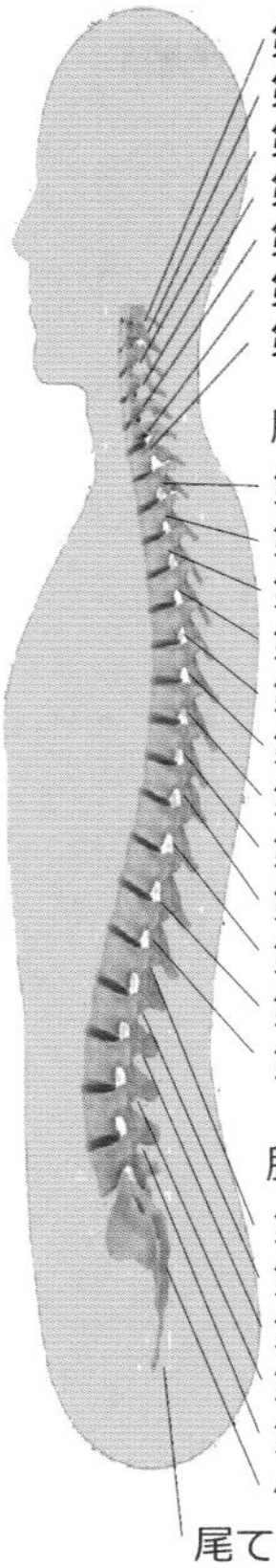

頸椎1～7

第１	耳・脳・交感	神経衰弱・ヒステリー・不眠症・神経疾患・半身不随・めまい
第２	目・舌・耳	頭痛・斜頸・ムチ打ち症・尿毒症
第３	歯・三叉	難聴・鼻疾患・眼疾患・肩こり
第４	鼻・口・耳	三叉神経痛・弱視・胃痙攣・歯疾患・耳疾患・扁桃腺炎
第５	声帯・咽頭	ムチ打ち症・気管支喘息・喉頭疾患
第６	扁桃腺	甲状腺腫・喘息・バセドー病
第７	甲状腺	動脈硬化・ムチ打ち症・胃炎・気管支炎・心臓病一般・上肢疾患

胸椎1～12

第１	呼吸・血圧	胸筋・頭部疾患・血圧亢進症・心臓内（外）膜炎・肺気腫
第２	心・冠状動	心臓病一般・動脈硬化・乳汁欠乏
第３	肺・呼吸	肺結核・肺炎・肋膜炎・一時性窒息
第４	胆のう	肝臓疾患・胃酸過多・欠乏症・糖尿病・黄疸・肩こり
第５	胃・大腸神	胃病一般・下痢・悪寒・膵臓炎
第６	膵・心・胃	胃疾患・血栓・腎臓病一般・肋間神経痛・消化不良
第７	脾・十二指	胃疾患・胃潰瘍・食欲不振
第８	肝・横隔	肝臓病一般・糖尿病・消化不良
第９	副腎・皮膚	小児麻痺・下肢麻痺・胆石・運動不足による内臓疾患
第１０	腸・動脈硬	腎臓病一般・リウマチ・貧血
第１１	腎・子宮	心臓弁膜狭窄症・糖尿病・充血
第１２	腎・小腸	尿失禁・下痢・熱性病・こしけ

腰椎1～5

第１	大腸・胃	胃腸病一般・便秘・神経性疲労
第２	盲腸・肝	皮膚炎・貧血・不妊症・肝臓疾患
第３	生殖・尿道	卵巣疾患・月経閉止(困難)・子宮病一般・生殖器疾患・尿道炎
第４	結腸・便秘	便秘・腰痛・座骨神経痛・膝関節疾患・痔疾・歩行困難症
第５	子宮・痔	痔疾・リウマチ・局所麻痺・足腰の冷え・直腸出血・子宮疾患
仙骨	膀胱・子宮	膀胱、直腸、生殖器疾患・座骨神経痛・神経性疾患
尾てい骨	直腸・肛門	

病気の要因と脊髄との関連性

基本的な脊髄神経が支配する24の部位(骨)を提示した図版です。実際は、さらに仙骨５個、尾てい骨は３個に分かれ、合計32の部位を脊椎と呼びます。

図14

脳の断面

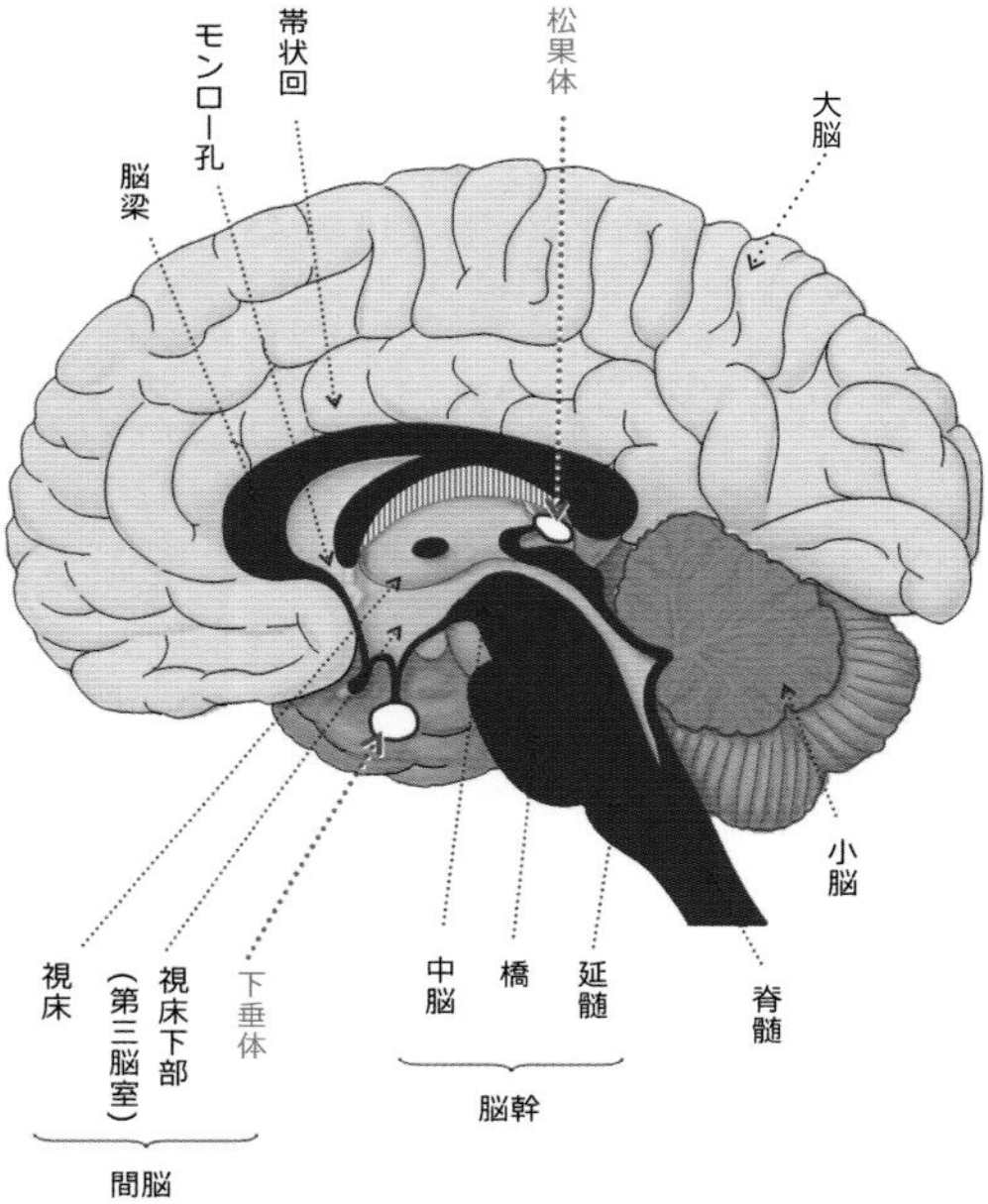

松果体を起動せよ

第３の目・松果体を起動させることで「天・地・人（宇宙・地球・あなた）」となり、人間から霊《ひ》止《と》になります。

Teachings of the Shaman

GOD HEALING

第4章 神の領域へ……149

第5章 スペシャル対談 石橋与志男＆石橋マリア……177

GOD HEALING

第1章

霊《ひ》止《と》になるために

Teachings of the Shaman

日本という国の真実と その類まれなる民族の能力

「はじめに」で少し触れましたが、人間は本来、神化する能力を備える霊止《ひと》という存在です。肉体は完全な小宇宙であり、心と魂を使って宇宙と地球の間でエネルギーを循環させ、愛と勇気のエネルギーを操り、自己治癒や民族の平和を持続させる能力を持っています。

もともと日本人が持っている民族としての能力は、レムリア大陸※注1や、ムー大陸※注2の人たちが持っていた平和を愛する人種の能力や母性愛と同様のものです。その能力は、縄文時代に引き継がれています。

日本人の起源は、太平洋のムー大陸に住んでいた民族で、今から６６００万年前のメキシコ・ユカタン半島の小惑星衝突のため沈んだときの生き残りが３万年前に旧石器時代をおこし、１万３０００年前に縄文文明を作りました。その後、７３００年前に鬼界カルデラ大噴火が起こり、そこに住んでいた縄文人が大陸に渡りました。海を渡って、世界各国に広がった縄文人と、九州に住みついていたポリネシア人が交わり、多くの文明を作りました。その後、イスラエルから海を渡った民族が「和」という国※注3を作ったのです。その後、２７００年前にシルクロードを通り、半島を渡ってきた人物が大和《やまと》という国※注4を作りました。日本人は、海を渡って訪れるさまざまな人種も寛容に受け入れてきた過去があります。

このようにして残った現在の日本人が、それらの末裔《まつえい》です。そもそも「日本人とはどのような人種なのか?」を簡潔に説明すると、日本人はハイブリッド型の人種です。北欧のアトランティス大陸※注5から来た人種と、インド洋のレムリア大陸から来た人種が入り込んだのが日本だった。レムリア大陸から来た人種というのは宇宙から来た人々です。ですから、それらの人種の持つ能力や特長を遺伝子に持っています。それを使えば良いということです。日本人は人類のハイブリッド型の最高峰であり、「人間界の雛形《ひながた》」でもある存在なのです。

驚かれるかもしれませんが、地球上の人類は、もともと猿と宇宙人とのハイブリッドです。

エジプトの壁画や縄文の土偶に、宇宙人やUFO、未来の地球の文明などがすでに描かれているのはそのためです。神と言われる存在が、宇宙由来であることも事実なのです。そして、そのハイブリッドである人間も神の能力を引き継ぐ子孫であることに間違いありません。

それは「霊的な力を使える」ということです。「チャネリング能力」と「神様とつながる能力」ですね。「チャネリング能力」は、アトランティス大陸から来た人種が持つ力で、主に女性が使える能力です。一方、「神とつながる能力」は、レムリア大陸から来た人種の力で、主に男性が使える能力です。その2つの能力をそれぞれの役割として使い、力を統合させることが重要なのです。

私が霊止《ひと》となり、宇宙と地球との間をエネルギーでつなぐことにより、多くのことを知りました。宇宙や地球のアカシックレコードにアクセスすることで宇宙と太陽系、地球の歴史や多くの真実を見てきたのです。アカシックレコードというのは、簡単に言えば「宇宙図書館」のようなもので、皆さんもよく使うインターネット上のクラウドのようなものだと認識してもらえればよいでしょう。

現在、私たちが住む地球上には、多くの課題や問題がありますが、世界でいわれている、いわゆる「常識のほとんどが間違い」です。でもその間違いに皆さんは気づくことなく呼応しています。私は、まず最初にそれをやめていただきたいと思っています。

例えば、世界最古の文明は、約8000年前のメソポタミア文明であると学校では教えています。とんでもない。最古は私たちが住むこの日本の縄文時代です。縄文時代は稲作が盛んだった約1万7000年前には始まっていました。日本では歴史の常識として教えられてきた四大文明というものを見ても、約8000年前のメソポタミア文明、エジプト文明、約4000年前のインダス文明、同様に約４０００年前の黄河文明（中国文明）そして近代文明へと発展してきたという流れが事実とされているのです。

ご自身でも調べていただければわかりますが、学校の歴史の授業で習ったはずの縄文時代は約１万７０００年前ころから約１万年以上もの長い間続いたはずですね。なぜその事実を無視しているのでしょう？　お隣の中国は「中国４０００年の歴史」を常套句に誇らしげですが、古来の中国人はすでに台湾や日本に多く流れてきています。現在の中国というのは、もともとモンゴルやチベットから流れてきた民族で主に構成されています。世界は本当の歴史を理解しているのでしょうか。

このように世界の常識、日本の常識のほとんどが間違っています。

学校教育においても、敗戦国となった日本に、そのような歪《ゆが》んだ教育を推し進めるよう働きかけたアメリカのＧＨＱ※注6の存在や、戦後79年という長い年月が経過しているのに、今だにそれを受け入れ続ける日本の政府、日本の教育に問題があるということは否めない事実でしょう。

現在のままでは、日本は消滅の一途をたどることになります。日本人が消滅してしまうと、この地球は２０５０年にはなくなる可能性があります。これからの3年は世界各地で起きている戦争や気候変動、自然災害、金融問題など多くの影響を受けて、今後、ますます大変な世界になっていきます。もう、時間がないのです。

日本という国は、世界で最も古い歴史を持つ和の精神を尊ぶ国であり、一神信仰ではなく、自然崇拝を基本とした八百万《やおよろず》の神々を祀《まつ》る神の国として、その独自の文化を築いてきました。古代より、世界中から訪れる民族を寛容に受け入れ、「おもてなし」や「もったいない」「おかげ様で」という日本語に表されるような、素朴で優しい心を持ち、古代からの文化を守ってきた民族です。

ところが戦後の自虐教育で、民族の誇りや自信を削ぎ落とされ、1+1=2という左脳型教育で、主体性がない人間を量産し、さらに右脳型教育は「がんばれ」という攻撃型の教育をしてしまった結果、協調性も育たず、常に争い競い、批判と評価、他人との比較で多くの日本人が精神を病んでしまい、家族制度を崩壊させてしまう原因となっています。「飛行機と自転車ではどちらが優れているか?」という長所と短所を比べる愚かな教育ではなく、特徴と特長を生かし、協調する生き方こそが人間にとって一番大切なことなのです。

例えば、自転車、バイク、自動車、飛行機という乗り物があれば、それぞれの特長を活かした使い分けをするわけですね。飛行機は、遠くへ行くには便利だけど、近くなら自転車のほうがいいわけです。飛行機と比べて自転車は劣るという判断は、スピードを比べているだけでその比較はばからしい間違いです。長所というのは「特長」で、短所は「個性」なのです。それを「長所と短所」という括《くく》り方をしていること自体が偏った見方を右脳に覚えさせ、判断を狂わせています。基本的な考えとしては、すべてのことを一度受け入れてみることです。部分的にしか物事を見られなくなって、それらの事象に自分の「白黒」のジャッジを重ねて感情的になっていては、狭い世界観に囚われて生き続けるしかなくなってしまいます。

「多次元的にすべてを受け入れましょう」というのが本来の日本の教育でした。「これが良くて、あれは悪いことだ」「あの人はおかしい人だ」という白か黒かの考えで生きている人は、結局のところ、自らの感情や身体を病んでしまうものです。

敗戦後、アメリカは日本のさまざまな書物を検閲し、「これはまずい」と気づきました。「身体の小さな日本人という民族の恐るべき強さや能力はどこから来るのか?」という疑問があったからです。そして、民族としての強靭な精神哲学や、自然崇拝※注7の考え方から学んだ世の中の真理、現代の超能力に匹敵する呪術※注8や祝詞《のりと》※注9、そして言霊《ことだま》※注10の力……。古代から伝わる日本民族の教えの数々が、今後間違いなくアメリカの脅威となりうることを知ったのです。そしてそれらすべてを消して、日本人の無力化を図る必要があったということです。

「日本は悪い国だ」「日本は世界に劣っている」と教える敗戦後の教育では、日本人の自信を失わせ、アメリカの娯楽・快楽を与えることで、西洋文化への憧れを抱かせ、自国の文化を軽んじて捨てさせるよう仕向けました。排他的な考えで他者と競争させ、日本人という民族の誇りも学びも能力も、敗戦後79年という年月を経過する中で徐々に奪われていきました。本来の日本人は、右脳と左脳の両脳を、思うままに使える特殊な能力を身につけた民族です。その日本人が世の中の矛盾にも気づかないほど考える力を失い、先人たちが守り引き継いだ特殊能力を忘れてしまったのです。

今こそ日本という歴史の真実や、日本人の根源を知り、すべての日本人が大和魂を取り戻し、再び能力を目覚めさせなければならない時なのです。

繰り返される金儲けのための利権争いが、間もなく地球を崩壊させる

今、世界は戦争や異常気象が繰り返される緊急事態に見舞われています。日本のテレビだけを見ていては、混沌《こんとん》とした本当の世界情勢や真実の情報を知ることは難しいでしょう。

ＳＮＳの世界でも「ＢＡＮされる」という言葉を頻繁に耳にしますが、海外でニュースになるような情報であっても、日本では情報公開が「不適切」であるという運営側の判断で消される、投稿や広告収入が制限される、といったことが頻繁に起きているようです。

不都合な情報とは、一体誰にとって何が不都合なのでしょうか？

世界においては、これまでの資本主義体制も揺らいでいます。ある一部の特権階級の人間のみが豊かな暮らしを享受し、あとの人間は奴隷として働かされ、「使えなくなったら姥捨山《うばすてやま》に捨てようか」という考え方です。これこそが現在の世界観であり、グローバリズムです。その新しいデモクラシーが地球崩壊への最後の一手となりかねないのが今の現実なのです。

これからの時代は、人間が考えたり、勉強をしなくてもよいからＡＩや、ロボットに働いてもらおうという時代へと移行していきます。その結果が想像できますか？　人間はごく少数のコントローラーたちを除き、必要なくなります。

「二酸化炭素が地球環境を壊すから地球上から排除しましょう」
「人間が増えすぎて食糧危機が来るから昆虫食を推進しましょう」と

いったスローガンに違和感はないですか？

二酸化炭素がなければ、植物は存在できなくなります。そうなれば、人間の生命維持に不可欠な酸素はどうやって手に入れたらいいのでしょうか？　植物も存在できなくなった未来では、値段の跳ね上がった酸素を買い求める人、買えずに生命の維持ができなくなった人であふれ返るのかもしれませんし、牛のゲップだけでなく、人間も吐く息で二酸化炭素を排出しますので、息をするだけで罪になるというおかしな世界が待っているかもしれませんね。

このように、結局、世界では一部の権力者が集まって無意味なことを繰り返しています。なぜなら、すべてが金儲けに絡む利権であり、現在当たり前のように信じられている常識というものは、都合よくコントロールされた情報であり、捻じ曲げられて作られたものかもしれない、と疑うべき矛盾が多く潜んでいるということです。

日本の先人たちの知恵を甘く見てはいけません。日本人はもともと自然崇拝の民族であり、日本古来の文化には、自然と共存して生きる素晴らしい知恵がたくさんありました。そして、昔の日本人は自然とともに暮らし、衣食住の素晴らしい知恵を活かして、力強く生きていて、皆明るかった。江戸時代の日本を見た海外の文献にも、日本人の豊かでエネルギーに溢《あふ》れた暮らしぶりが多くの書物によって書き残されているのです。

その後の幕末は、大和の国が戦をしてひとつの国に戻そうとした。そうしないと強硬だった諸外国に、各藩が潰《つぶ》されてしまうからです。「それならば、統一しよう」ということで明治政府ができたわけですが、そうしていなかったら、日本はすでになくなっていたでしょう。

当時は、日本の存続をかけて戦争するしかなかった。そのおかげで今の日本があります。

ただ、世界では現在も戦争の歴史が繰り返されています。

当時の日本は武力もあり、「術」を使えたから、列強諸国も日本を恐れたのでしょう。敗戦後の日本の教育で書き換えられた漢字や日本の言葉といったものも、「言霊」や「祈り」といった日本人の「術」を恐れたからです。だからこそ今、日本古来の「術」を取り戻せばいいでしょうというのが私の考え方です。

「術」というのは、もともと日本人が持っていた能力です。日本人の祖であるレムリア大陸やムー大陸、縄文の人たちが持っていた「平和を愛する人種の能力」を発揮できれば「術」が使えるようになります。そして、この日本の平和な暮らしの起源が縄文時代にあるということに、日本人が本来の超・能力を取り戻すためのヒントがあります。ただ、「術」を使うには、能力を引き出す力をまず、自ら整える必要があります。

この世界には8：2の法則というものがあります。現在の日本では、約2割ほどの人間が、気づきを得ていますが、8割の人間は、魂の使い方を知らないまま、間違った思い込みにより眠りの状態に陥っています。この先の激動の世界を生き延び、日本の存続を守るためには、その割合を逆転しなくてはなりません。

そのためには、いくつかのステップを踏む必要があります。これから、能力者として日本を再生するお役目を担う方々のために、その能力開発の方法や、自己治癒の方法などを、章を追って詳しくご紹介していきましょう。

思い込みが創り出す世界

「術」に入る前の最重要ステップとして、考え方、心の使い方の見直しというものが必要になります。じつは、誰にでもできるシンプルで簡単なことのように思えても、意外とこれが厄介なのです。自分の考え方や心の使い方の癖《くせ》というものは、本人は気づかないうちに、「思い込み」という形でさまざまな不具合な現象を招き、病気や不調などの不協和音を生み出しているからです。

まずは「思い込み」を捨て、自分の持っている世界観を静止点（ゼロ）に戻すことが重要です。

量子力学※注11の分野でも理論的に解明されつつある、いわゆる引き寄せの「想念」も、人間の思いや考え方がエネルギーとして物質化するという考え方ですが、「お金持ちや豊かな暮らしをイメージすると夢が叶《かな》う」というようなスピリチュアル業界で謳われている考え方がなかなかうまく実現しないのは、それ以前の自分の「考え方」「思い方」に、恐怖を避けるために脳に植え付けてきた「思い込み」や「勘違い」が強くあるからです。

まずは、恐れを餌《えさ》に自分の中で育ててきた「思い込み」や「勘違い」を捨て、一度消し去ることができれば、精神や身体を病むこともなくなります。この「思い込み」や「勘違い」（第六感が機能していない状態）を作ってきたのが、今まで自分が親や学校で常識と教えられてきたことで作り上げられた考え方かもしれません。競争社会で勝ち負けを決め、白黒はっきりさせるような生き方や、知恵にならない知識は、情報として保持し、戦わないなら、あなたの人生を脅かすことはありません。

実際、病気や不調に悩まれて来るクライエントの方の中には、親子関係が原因であるケースも多く見られます。これまで囚われていた常識を捨てて、親子関係や男女の役割を含めた関係性や霊障などを学べば、新たに入ってくる知識は知恵となり、次にその知恵をどう活かすかの「道」を理解できるようになります。そして「道」を極めると「術」が使えるようになります。

よく、人は「善と悪」「光と闇」「神と悪魔」というように、戦いの構図を考えるのですが、これが間違い。世の中はすべて「陰と陽」のバランスであり、これが宇宙の法則です。

究極は静止点となり、「ゼロであり無」であるという教えは仏教にもあります。昔の人は、「生きるとは、死ぬこと」と変わらない観点で見ていたので、「死ぬ気で生きる」という凄《すご》みがあった。

人間は死を怖がると、その恐怖が出るものなのです。戦《いくさ》の正体、「勝った、負けた」ということを気にする人間の心の本質は、「死にたくない」という心が生み出す恐怖です。

だから素直になれないわけです。いつも構えて死の恐怖を遠ざけようとしている。いつも攻撃される何かを恐れているのです。あれが悪い、これはいいと白黒をつけて安心したい人ほど病気になるものです。病気の正体はこういう考え方や思い込みが影響したストレスなのです。

人の意識には、自分で認識できる表層意識があって、その下に潜在意識、さらにその下に宇宙意識、超意識があります。男性は主に左脳的、女性は主に右脳的な「思い方」をするものですが、例えば「不安がる人」には、霊的に見ると狐が憑《つ》いていたりします。一方で、女性的な右脳である「感情」をよく使う人は、「怒りや恐怖」を頻繁に生み出しやすく、その負の感情に呼応する邪霊が入ってきやすくなります。

そもそも現代社会を生きるほとんどの人は、犬を見たら「犬は犬だ」という目に見えたままの認識をします。そのように世の中の事象を、自分個人の体験や得てきた情報の範囲だけで理解しようとしています。そして、それが世の中の常識と同じだという「思い込み」で安心しているのです。なぜなら、自分にとっての未知とは「恐怖」につながるからです。

それは、「思い込まされている」だけなのかもしれません。「思い込みたい自分」がいれば、それだけで辻褄《つじつま》が合うからです。それを精神分析の世界では共同幻想※注12といいます。この世界には、霊界※注13、仏界※注14、神界※注15、天上界※注16といった人間の目には見えない世界も存在しています。

実際、この地球上では、生きている人間をはるかに超える数の霊が共存しています。

私には、クライエントの方のエネルギー体である幽体、感情体、霊体、想念体、ソウル体、ゴーザル体、ゴッド体、さらにチャクラが見えます。チャクラや魂の使い方、術の具体的な説明は第3章以降、詳しく図解で説明していきますが、私の施術では、クライエントの方が発するそれらの状態や情報を読み取り、不具合を調整しています。人間が本来持っている能力を、どのように調整したら最高の状態に持っていけるのか、ということなのですが、基本は主要7つのチャクラを含む12個のチャクラを開き、正常に稼働させることができれば、物質・非物質のエネルギーが見えるようになり、超・能力を取り戻すことが可能です。

要は、自分の脳にある松果体[※注17]を動かすことができれば、透視能力、予知能力が使えるようになります。仮想空間[※注18]を創り出し、そこで魔力や能力を使っていくイメージです。ただ、仮想空間を作り出す際に、その人が「間違った情報を思い込んでいる脳」である場合、そのくだらない情報が多ければ多いほど、仮想空間を生み出すことが難しくなります。だからこそ、間違った常識や思い込みを脳から消去して、静止点（ゼロ）の思考に戻さなければならないのです。そして、そこからは自分の中の仮想空間を創り出すための勉強が必要です。

無意識の中の宇宙意識につながるか、霊界につながるか、仏界に合わせるのかで、異なる結果につながります。高次元のチャンネルに合わせるのか、低次元のチャンネルに合わせるのかによって、天使や精霊を引き寄せるのか、邪霊を引き寄せるのか、という違いも起こります。「好き嫌い」や「善悪」の基準を持ち、心の中でいつも他人をジャッジしている人は、感情の支配下となり、完全に自分でマインドコントロールをかけている状態です。絶えず憎しみや争いの感情を動かしているため、低次元の邪霊などに憑依《ひょうい》されやすいものです。

さらに時空間を動かす、時間軸を交換する方法が使えれば、パラドックス※注19を起こせるので瞬間移動も可能になってきます。それがマトリックス※注20を使う方法です。インドのサイ・ババ※注21は超能力者として一世を風靡《ふうび》したので有名ですが、彼は部屋から部屋への物質の移動を行って見せてくれました。

三次元的というのは、見たり（観たり）、聞いたり、触れたり、味わったり、嗅いだり、いわゆる五感を使った世界です。五感で感じ切れない人は、三次元を超えられません。五感を感じ切るとは、自分の感覚を研ぎ澄まし、五感を感じ尽くすということです。まずこの、五感を感じ切る感覚を理解できていないと、四次元のマトリックス、五次元のパラドックスへと感覚を移行するのが難しくなってしまいます。

四次元とは時間のない世界です。仮想空間を作って、アバター※注22を操るイメージですね。集団催眠なども四次元的なものですし、仮想通貨やメガシティのような仮想空間も四次元的なものです。現実世界も、四次元的なものに徐々に移行しています。さらに、五次元とは、その仮想現実のマトリックスを自在に生み出すパラドックスであり、感覚支配の世界なのです。五次元が理解できると、精霊もオーラも見えるようになります。イマジンが理解できると、「術」が使えるようになります。そして、「術」が使えるようになると、人や時空間、マトリックスを操れるようになり、物質・非物質と同調することが可能になります。

そのような特殊能力にもつながる、能力開花の第一歩としては、まずはご自身の立ち位置を知ることです。自分はどのような「考え方」や「思い方」で脳や心を使っているのか、どのような宿命のもとに生まれているのか、ということを改めて知り、よく観察してみることが必要です。

何事も白黒で判断せず、思い込みを捨てて、心すべてがワンネスの境地になれば、精神を病むこともなくなりますし、すべてが良い状態になります。ところが、すべてを良い・悪いで判断していると、心が、ひいては魂が、地獄化していくのです。すると、邪霊・悪霊なども憑依しやすくなりますし、その結果、精神が弱体化して心のコントロールができなくなります。現代人の多くが鬱病を患ったりするのはこの、「思いや考え方」が影響し、大きな問題を起こしているということです。

また、この後の章で解説していきますが、能力者になるための勉強方法があります。その中には、意外に思われるかもしれませんが、みなさんが身近に見聞きしてきた「占い」や「催眠術」、武道、茶道、書道といった「道」と呼ばれる日本伝統の文化も「術」を使うために必要な勉強です。

脳内の思考回路というのは、デルタ波、シータ波、アルファ波、ベータ波、ガンマー波というそれぞれの脳波の状態が精神状態を支配しています。

アルファ波がリラックスで、ベータ波が思考回路、シータ波が緩みで、ガンマー波が興奮時、デルタ波が熟睡・脱力の状態。アルファ波というのはリラックスした状態を示す脳波であり、ベータ波は集中した状態です。シータ波は緩みの状態で、ガンマー波が興奮した状態。癒されている、リラックスしている状態で、フワッとする感じですね。その状態に自分を置かないと、神の領域につながることができないのです。それは、催眠をかけられたような状態を自分で作るようなイメージです。一種の自己催眠をかけられれば、早いとも言えます。私がヒーリングを行うときは、熟睡の状態（デルタ波）と微睡《まどろみ》（シータ波）の間の状態を作り、施術を行っています。話しかけられるとその状態から離脱してしまうので、施術中は話しかけないでくださいとお願いしているのは、そのためです。その感覚がわかれば、みなさんも「GOD HEALING」を使えるようになるはずです。

周波数帯域

δ波：デルタ波（熟睡時に発生）1-3Hz
θ波：シータ波（微睡・緩み時に発生）4-7Hz
α波：アルファ波（リラックス時に発生）8-13Hz
β波：ベータ波（緊張・集中時に発生）14-30Hz
Γ波：ガンマー波（興奮時に発生）30Hz以上

また、五感である視覚、聴覚、触覚、味覚、嗅覚を超えた無感覚で解放された状態、リラックスしてボーッとした状態で、潜在意識に入っていくことができます。そのときに、不安や恐怖が心のベースにあるか、喜びや感謝の心がベースにあるかで、つながる世界、いわゆるメタバース※注23の世界が異なってきます。

地球意識や宇宙意識につながるためには、心のベースとなる感情も重要です。五感を使って、創造からメタバースの世界に入り、そのバーチャル空間※注24のさらに奥に進んでいくと、意識が完全に移行する感覚になります。感覚支配の世界に入れるようになるわけです。そうなると例えば、辛いものを食べても甘く感じるという催眠術にかかったような状態になるのです。それができると、そのパラドックスを他者に移すことができるので、相手も変えられるんですね。

それは、自分を催眠術にかけてから、相手を催眠術にかけるような状態になります。実際、催眠術そのものが、最初に自己催眠をかけてから行うものなのです。例えば、自分が相手を好きになって、その「好き」という感情を相手に移すという方法もありますが、それは相手に同調させているわけです。自分の思い込みを相手に移しているということです。好きな相手に催眠術をかけたかったら、相手に同調させて、瞬間的に相手を取り込むということで、それが可能になります。

私が施術を行うときも、その方法で瞬間的に相手に入り込みます。入り込んだうえで相手の思考傾向と未来を読み、どうすればベストな状態に戻せるかを調べているわけです。

このように、四次元的感覚で他者と向き合い、五次元的にマトリックス、つまり仮想現実を創出し、そのゲームの世界へ入り込む。そこに他者を引っ張り込んで「良い思い込み」を植え付ける。要するに新たな「良い勘違い」を仮想空間で創り出し、信じ込ませるということです。

例えば、車の運転でもそうですが、「運転がうまい」と思い込めば上手くなるし、かなりの運転経験があったとしても、「運転が下手だ」と思い込んでいる人は、下手のままで上達しません。一種の催眠状態で「あなたは英語がペラペラですよ」と思い込ませれば、英語が得意だと勘違いします。要するに五次元の仮想空間では、どれだけ「良い勘違い」をするかがテーマなのです。

「怖い」という感情ベース（心の感じ方、考え方）を持つ人は、とても臆病でいつも恐れています。ですから、その仮想空間を作り替える必要があります。ある人が、幼少期から「お父さんは悪い人で、お母さんにいつも怒られていた」という記憶の思い込みがあれば、「怖い」という仮想空間を無意識に具現化しているものなのです。

このように、物質界と非物質界におけるエネルギーの理解とその使い方、人間の脳や感情、身体のしくみ、魂の使い方、そして、男と女の役割や関係性、親と子どもの関係性、それらがわかれば、能力者として自分の生きる世界を自由自在にコントロールできるようになるのです。これらのしくみを理解していただければ、私が通ってきた道を最短距離で通れるようになります。

最終的にはエネルギーとして自分が光に戻る感覚です。要は松果体を活性化させ、光らせることです。世界のすべてを光の素粒子という感覚で見ることができれば、地球の存在、愛の存在、波動の存在としてその光でお互いを輝かせることができるようになります。これが本当のワンネスです。「光とは何か？」というと、量子力学の粒子の単位として「素粒子」がありますが、じつはさらに「霊《れい》子《し》」「誘子《ゆうし》」「神子《こうし》」というまだ人間界では認識されていない意思の単位があります。これらは発光しますので、それを「光」と呼んだり、フォトンと呼んだりしています。

松果体を使って、生命の樹とアクセスすれば宇宙にある情報空間とつながり、神にアクセスすることができます。これにつながると、世界を支配することも可能になるほどのパワーが使えるようになるのです。そして、この神こそが、宇宙を創った源でもあります。

注釈一覧（第1章）

※注１　**レムリア大陸**：インド洋に存在したとされる大陸。

※注２　**ムー大陸**：太平洋の南中央部に存在し天変地異により水没したとされる大陸。現在のハワイ諸島やマリアナ諸島、イースター島など南太平洋上に点在する島々が陸続きになっていたという。

※注３　**「和」という国**：ヤマト王権成立以前に、イスラエルからきた民族が造ったとされる国。

※注４　**大和という国**：ヤマト王権により奈良盆地周辺を本拠地とし、律令制定の際に表記を「大倭国（やまとのくに）」として成立したとされる。

※注５　**アトランティス大陸**：９０００年前に大西洋に水没したとされる大陸。

※注６　**ＧＨＱ**：第二次世界大戦終結に伴いポツダム宣言を執行するために日本占領政策を実施した連合国軍機関のこと。ＧＨＱ（ジーエッチキュー）は通称名の総司令部（General Headquarters）の頭文字。進駐軍（しんちゅうぐん）とも呼ばれた。

※注７　**自然崇拝**：自然現象や自然物の中に霊魂などの存在を認め、それらを人格化、神格化する信仰の総称。

※注８　**呪術**：民間医療などに使われたとされるおまじないなどの術。

※注９　**祝詞**：神道の祭祀において神に対し唱える言葉のこと。文体・措辞・書式などに固有の特徴を持つ。

※注10　**言霊**：言葉が持つとされる霊力のこと。

※注11　**量子力学**：分子や原子、光子あるいはそれを構成する電子などのミクロの世界を対象とした物理現象を扱う力学のこと。

※注12　**共同幻想**：国家・法律・企業・経済・株式・組合など、複数の人間に共有されている幻想のこと。

※注13　**霊界**：二次元～四次元で、霊が存在するとされる地獄、閻魔界、精霊界、幽界、地獄界などのこと。

※注14　**仏界**：四次元～六次元で、弘法大師様、不動明王様などがいる世界。

※注15　**神界**：七次元～九次元で、ルシファー様、聖母マリア様、お釈迦様、ガネーシャ様がいる世界。

※注16　**天上界**：十次元～十二次元で、イエス・キリスト様、天之御中主神《あめのみなかぬしのかみ》様、天照大御神《あまてらすおおみかみ》様などがいる世界。

※注17　**松果体**：脳内の中央、2つの大脳半球の間に位置し、天と地につながるための起動装置。

※注18　**仮想空間**：ゲームやネットなどに構築したリアルを模した世界のこと。

※注19　**パラドックス**：逆説のこと。納得しがたい結論に行きつく問題のこと。

※注20　**マトリックス**：擬似仮想空間のこと。

※注21　**インドのサイ・ババ**：不治の病を治すといった数々の奇跡を起こした能力者。

※注22　**アバター**：スマートフォンやオンラインゲームなど、アプリ上などで、自分の分身として存在するキャラクター。

※注23　**メタバース**：コンピュータの中に構築された三次元の仮想空間やそのサービスのこと。

※注24　**バーチャル空間**：コンピューターシステムにより生成されたユーザーが自由に回遊できる仮想空間のこと。

第2章

能力者の勉強
考え方と心の使い方

「術」を学ぶ

学びにはさまざまなものがありますが、すべてに順序があります。ある「学問」があるとすれば、それが統系化されて「統計学」になり、その後「道」になって、ひとつのジャンルを確立していきます。それをより実践的に極めると「術」になるのです。もともと日本では、「催眠術」や「剣術」、「数術」という学問が統系化されて、やがて道となり、それを極めて「術」となりました。

茶道、書道、剣道、柔道などに代表される「道」は、最初、娯楽やスポーツや戦い的な要素として始まりましたが、発展し、「道」となっていきます。剣道であれば、「術」である「剣術」になってより調和のとれた武術になり発展したわけです。すべては「学問」から始まり、「学問」を修めると「道」が見えてくる。そして「道」を修めると「術」になるのです。

目に見えないエネルギーの動きや流れを学び、体感してみるには、「合気道[※注1]」を学んでみるのもよいでしょう。高齢のか細い女性が、大男相手に身軽に攻撃をかわしたり、合気道の達人が、指一本で相手を遠くに飛ばしたりする技を、テレビや動画などで見たことがある方もいるかもしれませんが、日本人が昔から使っていた「気」というエネルギーを理解するには一番近道な武道です。

そして、「九星気学[※注2]」や「算命学[※注3]」といった昔ながらの「占術」を学ぶことも大事なことです。日本古来の「占術」には、莫大な数の「統計学」に裏打ちされた「道」ができています。なぜ占術を学ぶと有利なのかは、誰もが生まれたときから決まっている宿命というものが示されており、どのような強みや弱点を持ち合わせ、その結果、他者との相性や性格から、どのような選択をし、それが人生にどう左右するかなどがあらかじめわかるからです。自分の立ち位置を知ることにより、人生を楽しく簡単に生きられるようになり、災いも事前に避けることが可能になります。

また、西洋占星術※注4では、天文学的な星の動きから未来を読み解くことができます。実際私たちの肉体も宇宙と共鳴していますから、各臓器とつながって呼応しています。

生まれた星の影響でおおよその性格が決まるという意味では、干《え》支《と》についても自分というものの宿命や人生の予定を知る上で必要な要素です。他にも自分の立ち位置を知るための最低限の学びとして、「九星気学」や「数の持つ力と意味」「五行※注5」「算命学」「催眠術※注6」

はぜひ習得していただきたいものです。

九星気学はシンプルで、全体の運勢の動きを知るために必要です。次に自分の立ち位置がわかれば自分の取り扱い方が理解できます。次に相手の九星がわかるなら、その相手の取り扱い方も理解できます。また、目的によって、自分がどうすればよいのか、相手とどのように付き合えばよいかが、自ずと理解できるようになります。結果、不必要な争いや摩擦も回避できます。家族、仕事のパートナーなどの九星を理解していれば、余計なことで苦労せずに済みます。九星とは一白水星《いっぱくすいせい》、二黒土星《じこくどせい》、三碧木星《さんぺきもくせい》は、いろいろなものを守って人を育成するために生まれた人で、人の土台になる人です。また、その時期は育成を示します。四緑木星《しろくもくせい》、五黄土星《ごおうどせい》、六白金星《ろっぱくきんせい》は、開拓の人で、その時期は成長を示します。また、七赤金星《しちせききんせい》、八白土星《はっぱくどせい》、九紫《きゅうし》火星《かせい》は、皆を取りまとめていくという星で、その時期は収穫から刈り取りを示します。このように、どの星に生まれたかで、その人の特徴や能力、向いている仕事や役割といったことがわかります。

さらに、算命術を学べば、将来起こる病気や現在の自分の立ち位置をより詳細に知ることができるので、このような学問や術を学べば、本当の価値は何かということも理解できるようになります。また、数字の力で言えば、３・６・９・０というのがパワーが強い。そういうことを調べて知っていて、実際に使っている人は、やはり大きな富を築いている人に多いです。

ですから、これまで私たちが学校でしてきた勉強をすることよりも、大切なのは今の時代に必要とされる「魂」と「能力」を発揮するための勉強をすることです。

人間は本来、表層意識だけではなく、潜在意識と超意識が使えるのです。実際私のヒーリングでは、超意識を使って行っています。超意識とは感覚であり、学校で習う１＋１＝２だという思い込みや、１００点を取らなければいけないという勘違いをやめて、本来の魂を起動すると使えるようになります。今の人間界は左脳ばかりを使う社会となり、混乱し、多くの問題を生んでいます。それが戦争や数々の問題を引き起こしている要因でもあります。人間の左脳は７ビットの容量しかないのですが、右脳は１３０ビットもの容量があります。１年分の記憶量はおおよそ１ビット程度ですから、右脳をもっと使う必要がありますね。

そして、共鳴・共振・同調※注７の力を知ることです。私たちは松果体で宇宙とつながっている光の素粒子であり、エネルギー波動そのものですから、その松果体を使って同調と共鳴と共振を起こしてこの世界を創り出しているわけです。神の領域につながる設定の一つに「喜び」という感情があります。自分の心が常に喜びで満たされているという感情ベースであれば、引き寄せも奇跡も力も得られやすくなるのです。

平安時代の陰陽師や、江戸時代の忍者が使っていた妖術、幻術、薬術のようなものと同じく、私が行う「GOD HEALING」も「術」の一つです。光や占術など、施術対象者の症状に合ったいくつかの学問（知識）を組み合わせて使い、行っています。

陰陽のバランスは宇宙の教え

よく人は「善と悪」「光と闇」「神と悪魔」というように、相反する2つの要素で戦いの構図を考えるのですが、これが間違い。世の中はすべて「陰と陽※注8」の調和であり、必要な両面から成り立っています。これが宇宙の法則であるとお伝えしました。

例えば、現代において悪魔の代名詞のように使われている「ルシファー※注9」ですが、これもじつは大きな間違いです。ルシファーが担う宇宙での役目と、本当の姿をお伝えしましょう。ルシファーは「明けの明星」と呼ばれ、世界中の美男子を超越するほど美しい、青年の姿をしています。

霊界には大きく分けて天使の住む天使界、神々がいる神界、精霊や幽霊や地獄霊がいる幽界、魔族が住む魔界があります。魔界の最下位にルシファーは居ます。

また、ルシファーは天使界で力のある天使であり、大天使ミカエルと兄弟です。そして、静寂と安らぎの源である闇の世界を監視し、睨《にら》みをきかせながら力強く守っています。

宇宙はもともと闇だけの世界。そこに意識が生まれ、それが集まり、爆発し闇から光が生まれ神々の天国界、天使界ができたのです。

では、神と反目する悪魔とは誰なのか？

その正体は、「あなた」であり、人間の肉体なのです。
地球も宇宙の闇から生まれ、私たちの肉体にも小宇宙と同じ闇があります。

人間は、2つの陰と陽の中で　七つの大罪の中から　七つの神に向かおうとしているのです。まさに闇から光が生まれるように、宇宙の法則を繰り返していると言ったらイメージできるでしょうか。私たち人間は悪魔の世界、人間の持つ七つの大罪（七つの大罪とはキリスト教における罪の根源、傲慢・嫉妬・憤怒・怠惰・強欲・暴食・色欲）の中で生き、七つの光である大天使の勉強をしに遣わされたのです。この地球に降りてきたのは、この七つの大罪に対して、つまり自分がどうコントロールするか？　ということです。

ただ、人間の欲はエネルギーでもあり、欲を捨てれば、人類の進化もなければ、「食べるな」「生きるな」「戦うな」ということになってしまうから、人間として終わってしまいます。

欲があるからこそ、さまざまな「欲」というものを学び、理解して、闇の本質を理解する。それが魂の勉強であり、闇を理解することが、光となるということなのです。闇が理解できない者は、天国も理解できない。私たちは天使になるために、男として女としてそれぞれが生まれて来たわけです。愛（慈愛・博愛）や秩序を知り、陰陽を理解するのに、今の世界はそれを複雑にしていますね。古代より続く、「男と女の違いと役割」を理解するということも、陰陽の勉強のひとつなのです。

男と女の違いと役割、そして関係性の理解

人類が誕生した古代より、生物学的に異なる特徴や能力を持った男と女という存在があるのはなぜでしょう。もちろん、種の存続の

ために子孫を残す必要があるからですが、他にも地球上の人類として共存して生きていくために必要不可欠な能力と役割がそれぞれ違うからなのです。

男と女が地球上に必要不可欠な２つの異なる役割を担う存在として、生き残ってきた歴史があります。これは人間という生物が今後も地球上で存続していくうえでそれぞれの役割を果たすことが必要であり、これが普遍的なことなのです。

男性は社会に出ても負けないように、狼やライオンのように群れを守れる強さ、たくましさ、優しさ、素直さを持てばいいし、女性は創造。直感的・感覚的に母性や愛を育めば、昔のような明るく喜びに満ちた日本人に戻れるはずです。これもある意味マトリックスの世界であり、演技の世界とも言えるので、男女の関係も、いかに自分を演じて、他の人を魅了できるかということです。言葉は悪いですが、騙《だま》せるか、暗示にかけることができるかということなのですね。

私は施術に来るクライエントの方たちに、賢い女は「さしすせそ」、いい男は「かきくけこ」を使うといいですよ、という話をよくします。

女の「さしすせそ」

「（さ）さすがですね」「（し）知らなかった」「（す）すごい」
「（せ）センスいい」「（そ）そうなんですね」

男の「かきくけこ」

「（か）かわいいね」「（き）きれいだね」「（く）口説いてもいいかい？」
「（け）結婚しよう」「（こ）こっち来いよ」

それと感情や女性性、男性性を伝える「あいうえお」です。「あ〜ん」「いやん」「うれしい」「え〜」「おいしい」といった言葉は女性の「色気」になり、男性の場合は「ああ」「いいよ」「うん」「え〜やん」「おぅ」と言えば「包容力」になります。

それをうまく使えるようになれば、男女仲もうまくいき、賢い女といい男として豊かな人間関係に恵まれて生きていくことができるでしょう。

余談ですが、女性のチャネリング能力を伝える話で、日本にはもともと各村に一人か二人、霊能者と呼ばれるような存在がいたものです。そのほとんどが女性であり、霊能力で病気を治したりしていました。その能力は、「民間療法」と呼ばれる方法で、今も語り継がれているものが多く残っています。

男女の関係性を知るうえで、ここでも占いが役に立ちます。陰陽五行[※注10]（P.10、P.83図1「九星と五行との関係性」参照）を使って性格を見たとき、例えば女性が「木」で男性が「金」の場合、金の男性が過激であれば、木の女性は壊れます。しかしながら、木も程よく金の斧《おの》で余計な枝葉を整えてあげるとよく伸びる。このように相性というのは、「二人はこういう関係だから、こういう役割で行こう」ということを理解し合って伸ばし合えば、パートナーシップはうまくいきます。

一方で、お互いの性質や相性が理解できていなければ、いちいち衝突してしまい、うまくいかないのです。また、自分が「水」だったら、「木」とは、もともと相性はいいので、割と楽に付き合えます。仕事上のパートナーや部下や上司との相性も、自分の右腕、左腕を選ぶ際にも役に立ちます。

図1

九星と五行との関係性

「相生」→　良い影響を与える

「相剋」····>　悪い影響を与える

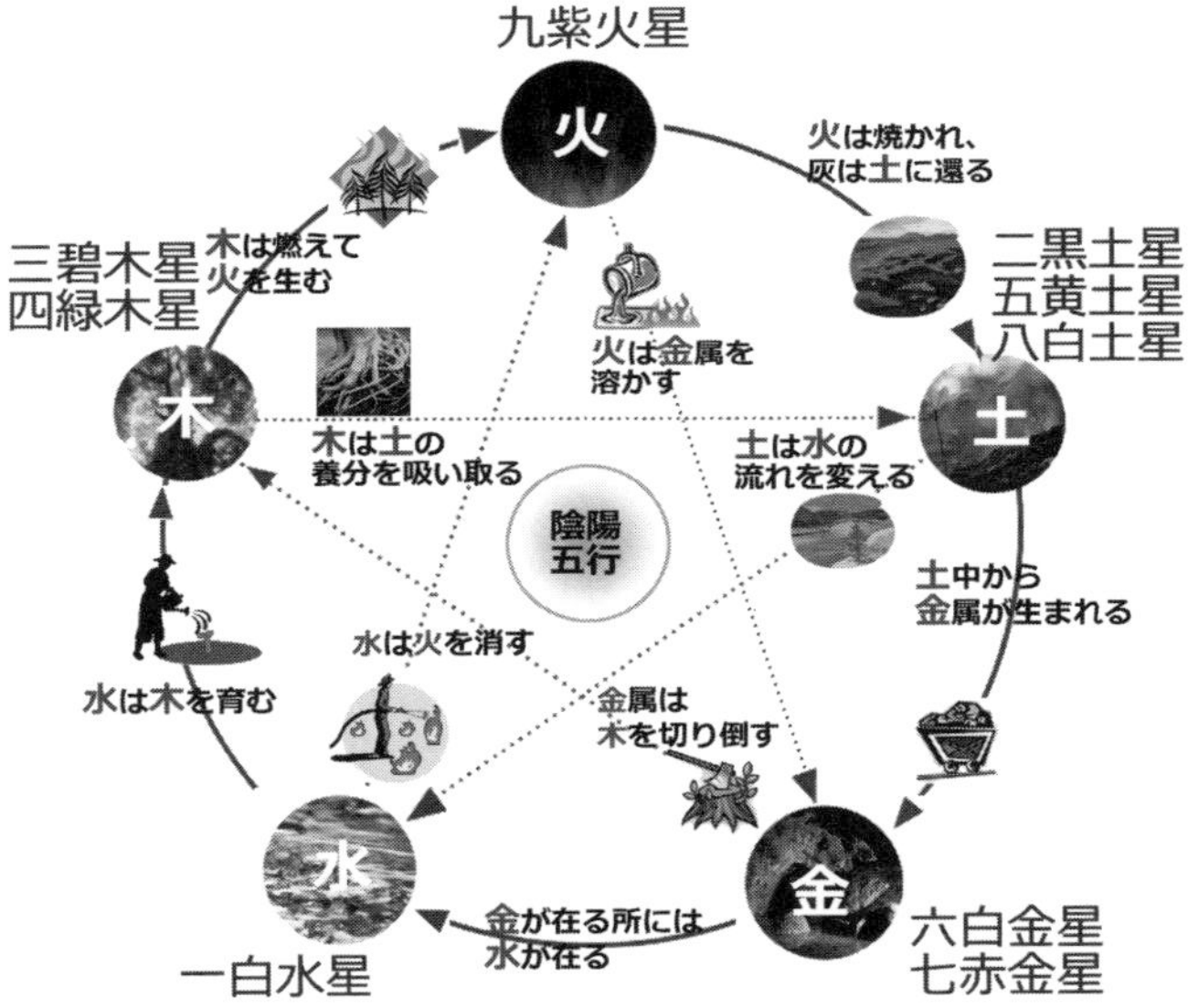

自分の星から相性を導き出す

九星占術による一白水星から九紫火星を陰陽五行の関係性で示した図版です。相生、相剋を理解しましょう。

相性が悪い場合でも、お互いに陰陽五行を理解していれば、相性が良くなります。「長所は短所」でもあり、「短所は長所」でもあるからです。相性がわかれば、相手の能力まで支配することができます。要は、「相性が悪いから合わない」ではなく、「合わないからこそこのようにアプローチして、相手の能力を引き出し、自分の力に加える」という考え方をすれば、相手の持っている能力を自分の力として使えるようになるから有利なわけです。

良い影響を与える関係を「相生《そうせい》」、悪い影響を与えるのが「相剋《そうこく》」と言いますが、たとえ相手が相克の相性だったとしても、特長を理解して戦略を立てれば、思わぬ力になるということです。このように、相手との相性を見極めて、その使い方次第で人生を優勢に立て直せるのだから、占術は学んでおく必要があるというのはそのためです。

親子関係と生まれ順による子どもの褒め方、育て方の基本

子どもの性格は、基本、生まれた星と親のタイプで決まります。誰もが生まれた星で、この世に誕生したときにおおよその宿命が決まっているものです。それと両親、特に母親の影響で性格が決まります。

両親が優しかったら、その子も優しくなるし、父親が厳しくて、母親が優しい場合は、おとなしい子になる。もし、父親も母親も気性が激しければ、やはりヒステリックな子になります。特に、母親の気性が激しいと娘の気性も激しくなります。

例えば、兄弟姉妹が4人いる場合なら、母親のタイプや育て方によっても影響は変化しますが、おおよそのところ、長男長女は農耕型、第2子は狩人型、第3子は保守型、第4子は研究型が多いようです。ただ、男性の場合と女性の場合は異なり、長男である第1子は農耕型で穏やかに育つケースが多いのですが、長女である第1子の場合は、狩人混合型もいるため、親とのトラブルなどで一度親を嫌いになると、その後の人生では深い関係性を避けるようになります。ですから、女の子の場合は、言いすぎや過干渉は避けたほうが賢明でしょう。

長男に対しては、期待している、信頼しているという気持ちを表現して褒めればいい。2番目はお調子者だから、日常生活で気の利いたことをするたび、いつも褒めていればいいし、3番目以降は自由奔放だから、気持ちを理解しているよ、いつも味方でいるよ、といった受容する気持ちで可愛がっていればいいと思います。

昔から、「親を見てから結婚しろ」といいますが、じつはその通りで、昔の人の知恵がすべて正解です。親の性格や関係性を事前に知れば、どのようなタイプで育ったかをあらかじめ知ることができるのです。

男性が結婚を考えた場合、相手の母親の気性が激しかったら「絶対に結婚しないほうがいい」と言います。そのような気性の激しい母親を持つ娘と結婚した男性は、根性なしにされます。

逆に、父親の性格が激しい場合、娘は普段から怒りっぽい性格になります。また、赤ちゃんが母親のお腹にいるときに、母親が父親（旦那さん）を嫌っていた場合、子どもは愛情不足を感じて、いじけた性格になりやすいのです。なぜかというと、妊娠して幸せを感じている奥さんであればよいのですが、「あ、この旦那と結婚して失敗した」と思っているような場合、大体、子どもに十分な愛情が届かない。子どもはお腹にいるときに、母親の「この子がいなかったらなぁ」という考えを読み取り、生まれる自分に自信をなくしてしまいます。

これが大体、十月《とつき》十日《とおか》のでき事です。

生まれたばかりの赤ちゃんの性格は、1年ぐらいは純粋で尊い存在ですが、1年を過ぎると、お母さんを独り占めしようとする「欲」が出てきて、「抱っこ、抱っこ」と言う。その際、できるだけおんぶがいい(母親の顔が見えないほうがいい)。またはベビーベッドに寝かせるほうがいいです。要求が多くなる2歳からは「嫌だ、嫌だ」という通称「イヤイヤ期」と呼ばれる時期を迎えます。この時期はできるだけ子ども部屋に寝かせましょう。自我の発達とともに、子どもは、わがままを通そうするものです。

そして3歳になって「あれは食べない、これは食べない」と言い出すころに、母親が「◯◯ちゃん、これがいいのかなぁ」などと言って甘やかすと、わがままがさらに酷《ひど》くなる。そんな時は、お母さんは子どもに食べさせないで、旦那さん（父親）に食べさせるのを見せるようにするといいです。わがままを言うなら放っておく、ということを覚えさせたほうがいいでしょう。「三つ子の魂百までも」と言いますが、この時期に母親がわがまま放題を受け入れて、手を焼かされた分だけ、子どもの性格が悪くなります。

よく、子どもの病気を治してほしいというお母さんが来院されますが、子どもを治すときは、大抵は、両親を先に治さないといけないものです。両親の性格や考え方が子どもに一番影響しているからです。子どもの脳は、母親の脳に80％似ていて、性格は両親の性格の70％。性質は祖父母に30％ぐらい似ます。それが性格という形で表れているのです。

子どもとの間に素晴らしい親子関係を築きたければ、親は木の上から見る感じで子どもを俯瞰《ふかん》し、母親は「愛と母性と慈愛の心」、父親は「博愛と男らしさ」を背中で示すことが重要です。

私の妻である石橋マリアの降霊術により、神々からのメッセージをまとめた『神々より日本人へ』という本でも一部紹介していますが、イエス・キリストの母である聖母マリア様を降霊した際、「慈愛と博愛」についてお聞きしたところ、「すべてを赦《ゆる》し、包み込みなさい。それが慈愛です」とおっしゃっています。「慈愛とは、深い悲しみや苦しみを経験して初めて生まれてくる愛」とのことです。

女性の場合は出産の経験が慈愛をより深いものにします。子どもを産むときにその「深い苦しみ」を経験したがゆえ、その深い苦しみを、生まれてきた子どもに分け与えないようにと母性で思いやり、包み込むのが「慈愛」です。

男性でも人生のどこかで、「深い悲しみや苦しみ」を経験し、もし心の気づきがあるのなら「慈愛」の心を持ち合わせていることもあります。

例えば、会社の社長が男性だとして、「深い悲しみや苦しみ」に突き落とされた経験がない場合、他者を慈しみ、思いやる心を持ち合わせていないため、知らず知らずに人々が離れていくケースがあります。一方、社員を慈愛で包み込むような心を持ち合わせている社長の場合は、社員にもその心が伝わり、社長のために力を貸そうとします。

じつは、この「慈愛」という心は、本来、日本人の多くが持ち合わせています。

では外国の場合はどうでしょうか。

どちらが良いか悪いかではなく、日本人が持つ「慈愛」とは異なり、外国の方は、宗教観として広い愛を持っています。それが「博愛」です。聖母マリア様は「人々にイエスの知恵と博愛を伝えて参りました」とおっしゃっています。

「博愛」とは、多くの人々が共感し、ひとつになって心から「愛を伝えよう、助けてあげよう」と思う心です。例えば、東日本大震災で多くの方が被災し、悲しみに包まれたとき、日本中の人々をはじめ、外国の方々も心を痛め、多くの人々が募金やボランティア活動を通し、大きな愛で救いを願いました。これが「博愛」の心です。

もともと日本人は「慈愛」は得意ですが、この「博愛」が苦手で、外国の方は逆に「慈愛」が苦手であると思いますが、今の時代、特に日本の若い世代は、積極的にクラウドファンディングに協力したり、ボランティア活動への参加を通して「博愛」を学んでいる人が増えているようです。

この「博愛」の心を日本人の多くが学び、慈愛・博愛の心をバランスよく持てるようになれば、再び日本が世界を導く時代が訪れるかもしれません。そのためには、まず、子どもとの間に良好な親子関係を築く、そして最小で最強の愛のコミュニティとなる素晴らしい家庭を日本の中で確立していくことこそが重要なのです。

今の時代、学校教育だけでは、子どもの能力を開花させるのは難しいことです。受験勉強など、他者との競争や比較でますます自信のない人間を作ってしまう可能性が高いのです。本来は、寺子屋方式でさまざまな特徴を理解し、「個性」や「特長」を伸ばしていかなくてはなりませんが、その役割は学校ではなく、家庭での必要な教育であり、学びなのです。

繰り返される悪い「感情」や「思い方」が病気と同化する

悪い感情を繰り返すと、実際に癌やリウマチといった病気になります。「感情」というのは、人間の右脳にあって、女性的なものです。女性感情の「エクトプラズム※注11」を悪魔的なものとして使うと病気になります。ただ、悪魔的なもの、悪い感情を自分で持っていて、それを繰り返し使っているという認識を本人が自覚しないと理解できない。

なぜ悪い感情が繰り返されるのかと言えば、本人の中に「恐怖・怒り・不安・嫉妬」があるからです。ですから、悪い感情のもとになっている「恐怖・怒り・不安・嫉妬」の感情をまず取らないと、パンドラの箱と同じことで、その後に「希望」というものが出てこないわけです。女性的な感情の病気として、挙げられるのが、癌やリウマチであり、そこには女業《おなごう》※注12という業が入ってきています。

悪い感情とは何かというと、前述したように学校で「１００点を取らないといけない」と思うことです。人と競い、勝った負けたを気にしていて、「あの人は１００点を取った」「私は０点だった」と、常に他人と自分を比較することで、自分の価値基準を判断している人です。その感情の中には必ず、「恐怖・怒り・不安・嫉妬」があり、それを繰り返している人は、病気と同化します（P.11、P.97図２「思いが発する病気の循環」参照）。

また、反対の左脳が「思い方」です。こちらは男性的な脳の思い方、使い方なのですが、思い方が弱い人、つまり「私はりんごが食べたかったのに、他の人が、カレーが食べたい」と言ったので我慢するという人。そういう人は「思いの力」を使えなくなるわけです。例えば、学校で１＋１＝２だと教えられたら、それを自分の頭で解釈せずに、「そうなんだ」と思って、ただ鵜呑みにする人は、「うつ病」になりやすいと言えます。「うつ病」の正体は何かというと、「１＋１＝２」だということに、こだわっている人です。

図2　思いが発する病気の循環

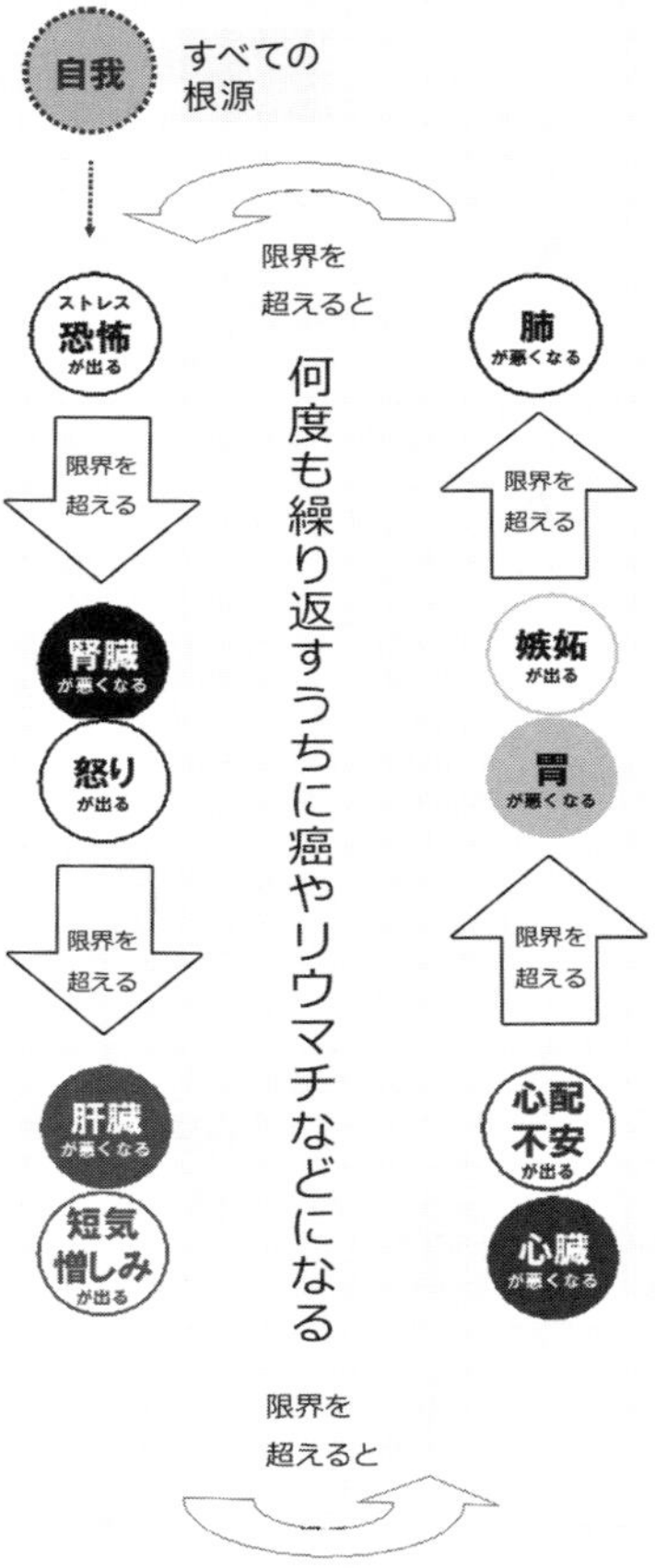

病気の原因となる思い

ストレス・イライラ・僻み
恨み・辛み・愚図・躁鬱
無関心・やきもち・優柔不断
寂しさ・プレッシャー・気苦労

改善するための思い

自愛・素直・感謝
謙虚・敬い・知恵・思慮
公平・明るさ・忠実・勤勉
努力・向上

思い方が病の要因

あなたの思い方（恐怖、怒り、短気·憎しみ、心配·不安、嫉妬《しっと》）が各臓器に影響し、それを何度も繰り返すと病気になります。

私なら、１＋１は無限大にもなると考えます。ところが、「いや違う！　１＋１＝２だ！　学校で習ったし、先生が言っていたし、あなたは間違っている。これが世界の常識だ！」と言うような考え方をする人が、「うつ病」になる思い方を選択する人なのです。

第１章でも触れた「これが良くて、あれは悪いことだ」「あの人はおかしい人だ」という人は、その考え方こそが、病気を引き寄せます。自分が思い込んでいる正義や常識、といった鎧《よろい》に身を包み、目の前の事実を静止点に戻って「受け入れる」ということをしていません。その心の裏に隠しているのは、自分が認めたくないトラウマや「恐怖・怒り・不安・嫉妬」という感情です。

何事も一度「受け入れる」ことにより、心は強くなるものです。他人を否定せず、起こった出来事を何かのせいにせず、心をゼロにしてまず受け入れてみることです。自分の常識、正義、知識から外れたものは「受け入れない」という考え方こそが、自分の能力や魂の成長を失わせています。その警告が病気という形で現れるのです。

私の施術では、「恐怖・怒り・不安・嫉妬」をまず取り除き、その後「希望」を作って入れるのですが、この自分の考え方の基準となる「感情」と「思い方」の使い方の間違いに気づかず、癖のように繰り返す人、考え方を変えて静止点に戻せない人は、私が施術をしても、この悪い「感情」と「思い方」に縛られて、いつのまにか自分自身で、元の悪い状態に戻してしまうというケースも多いのです。

注釈一覧（第2章）

※注1　**合気道**：武道家・植芝盛平が大正末期に合気武道として創始。昭和初期に道場を開いた。

※注2　**九星気学**：生まれた年月の日の九星と干支、五行を組み合わせた占術。

※注3　**算命学**：中国に発祥した干支暦をもとに、年と月と日の干支により人の運命を占う占星術。

※注4　**西洋占星術**：西洋諸国などで発展し、天体が地球に及ぼす効果により予言をする占星術のこと。

※注5　**五行**：自然現象の四季変化を観察して抽象化し、自然現象、政治体制、占い、医療などさまざまな分野の背景となる性質、周期、相互作用などを説明する「木・火・土・金・水」の５つ概念のこと。

※注6　**催眠術**：暗示をかけて相手を催眠状態に引き入れる術。

※注7　**共鳴・共振・同調**：共振・共鳴はお互いが干渉し合う現象、同調はどちらか片方が能動的に相手を動かす現象のこと。

※注8　**陰と陽**：森羅万象、宇宙のありとあらゆる事物は、「陰と陽」の対立する属性を持っており、万物の生成消滅の変化は「陰と陽」によって起こるとされる。

※注9　**ルシファー**：闇を司り、大天使のミカエル様、ガブリエル様、ラファエル様を支える、天使界でも最高クラスの能力の持ち主。

※注10　**陰陽五行**：自然界のあらゆるものが「陰と陽」であり、自然の変化や関係性を五行の「木・火・土・金・水」の５つの要素で分類する理論。

※注11　**エクトプラズム**：術に使用するために地球から吸い上げたエネルギーの一種。

※注12　**女業**：女性の特長である口業のこと。

第3章

超・能力を使うための基礎知識

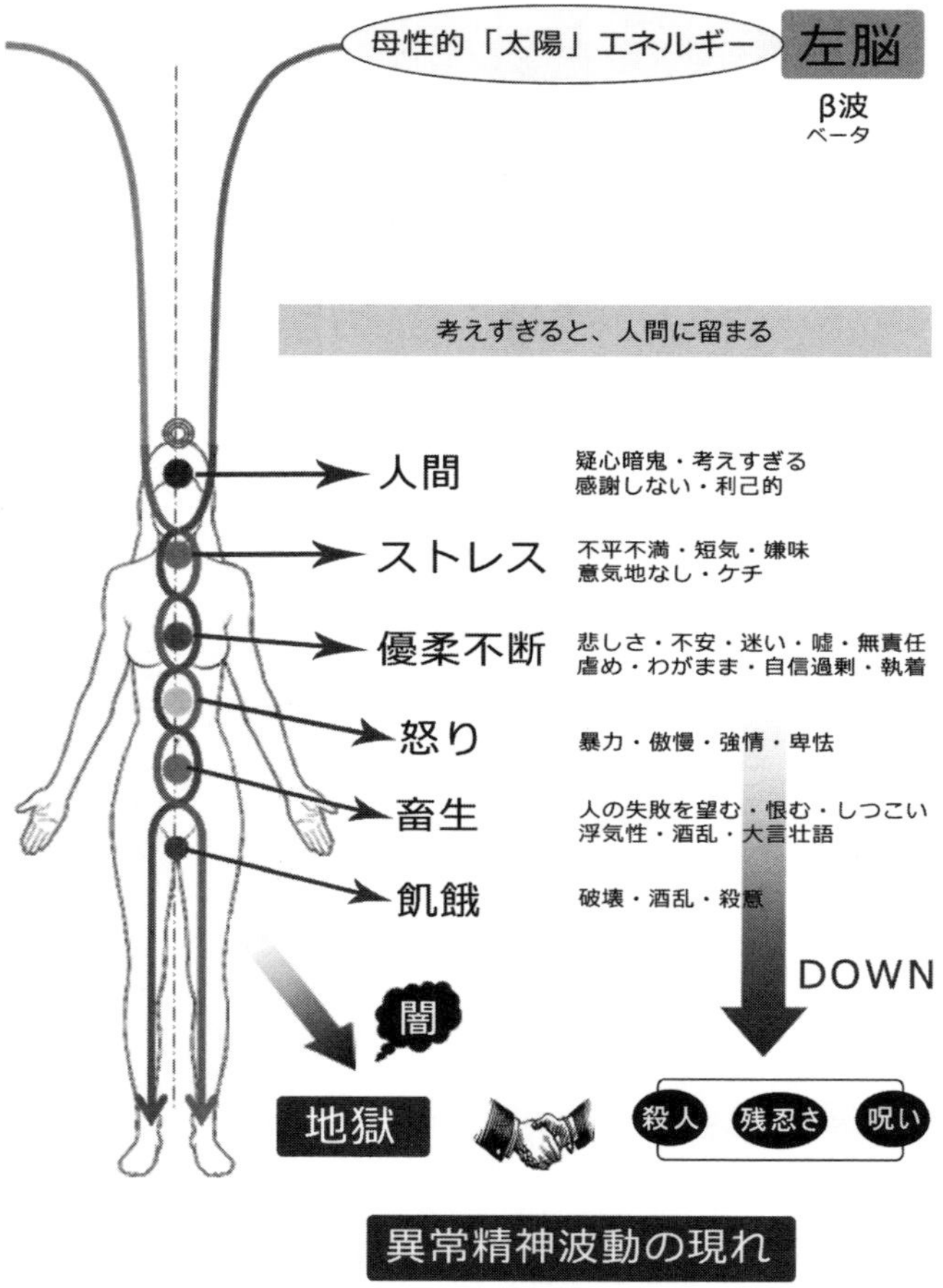

母性的「太陽」エネルギー
左脳
β《ベータ》波
考えすぎると、人間に留まる
人間
疑心暗鬼・考えすぎる
感謝しない・利己的
ストレス
不平不満・短気・嫌味
意気地なし・ケチ
優柔不断
悲しさ・不安・迷い・嘘・無責任
虐め・わがまま・自信過剰・執着
怒り
暴力・傲慢・強情・卑怯
畜生
人の失敗を望む・恨む・しつこい
浮気性・酒乱・大言壮語
飢餓
破壊・酒乱・殺意
DOWN
闇
地獄
殺人
残忍さ
呪い
異常精神波動の現れ

図3

霊止《ひと》になる – 脳と感情の関係

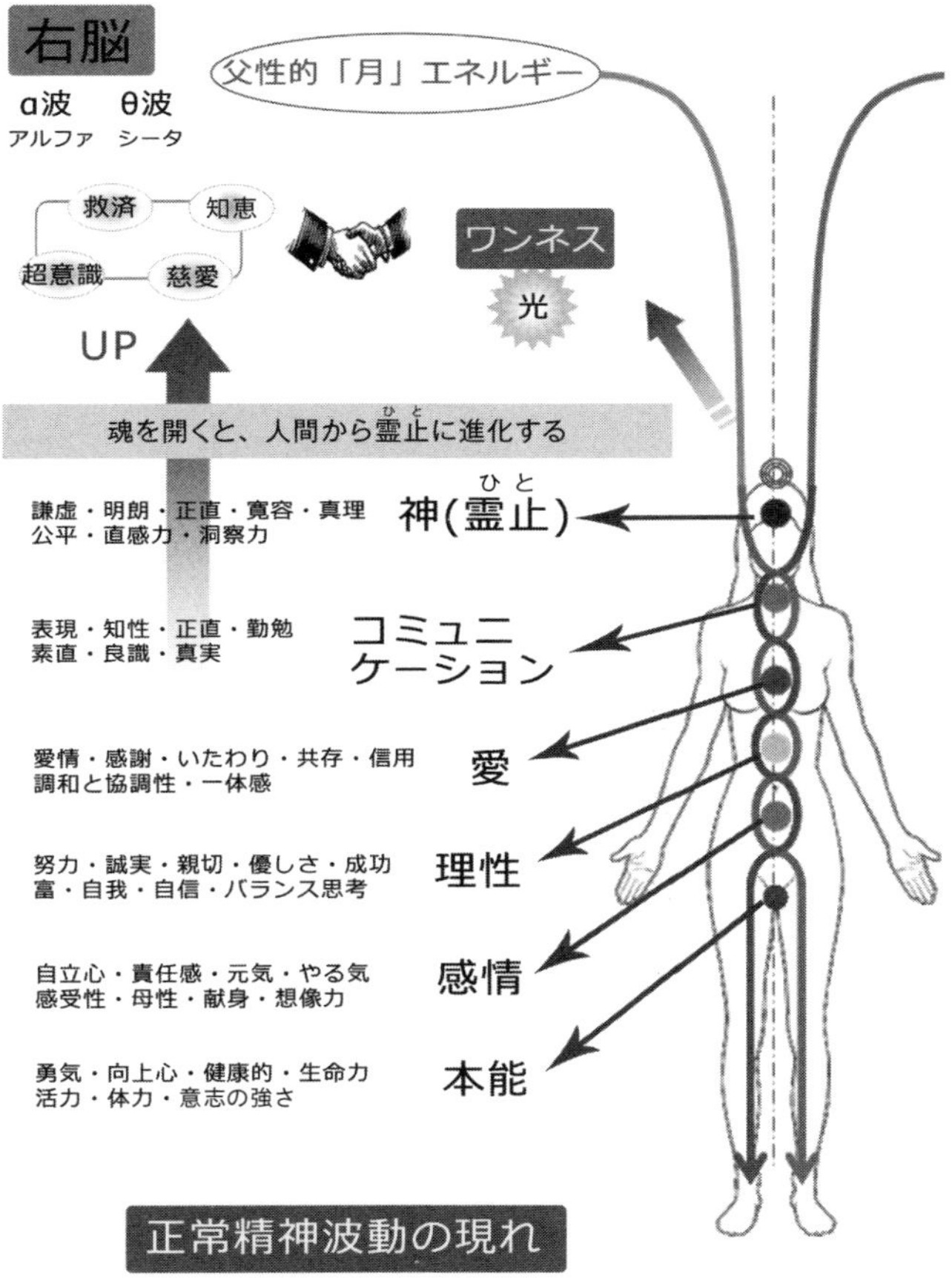

魂を開くと、人間から霊止《ひと》になる

間違った思い込みに囚《とら》われず考えすぎないことで、魂を開くと霊止になれます。愛、博愛、慈愛を学びワンネスになるのです。

超・能力のカギを握る魂の役割と使い方

ここまでで、ご自身が知らず知らずのうちに、日常的に繰り返している「考え方の癖」というもの、そしてその「悪い感情」の裏に潜む、「恐怖・怒り・不安・嫉妬」というものが、いかに自らの可能性や能力を奪い去り、魂の成長を阻害するばかりか、心身を壊す要因になっていたのか、ということをご理解いただけましたでしょうか。心を静止点に戻し、常に0にリセットした状態から物事を一度受け入れるということが、能力を体得するうえでとても重要です。

天（宇宙）と地（地球）とつながり、本来の霊止《ひと》になるという（P.12～13、P.102～103図3「霊止になる―脳と感情の関係」参照）、エネルギーの流れや、心、魂の使い方への理解さえあれば、あなた自身が超・能力を使いこなすことが可能になります。多くの日本人が気づきを得、考え方や思い方といった「魂」の使い方を静止点に戻し、必要な学びを取り入れていくことで、再び日本人が古代より持つ能力を目覚めさせることができるのです。

「超・能力」とは何かと言えば、霊的な力を使えるということです。その力とは、これまでの章でも触れましたが大きく分けて2つあります。

1．チャネリング能力：これは主に女性が得意とする能力で「癒しの力」です。

2．神様とつながる能力：これは主に男性が得意とする能力で「GOD HEALING」です。さらにマトリックス[※注1]をイマジン（創造）する力は感覚支配による力です。

ここからは、能力者として「術」を使えるようになるまでに必要な、知識と鍛錬法をご紹介していきます。まずは基本的かつ重要な知識として、超・能力のカギを握る「魂」の役割や使い方、「人間の運命・宿命・天命」「7層のエネルギー体（オーラ）」そして「主要7チャクラと12チャクラの働き」について順に解説していきます。

まず、「魂を使う」ための基本は、第1章や前述でも触れたこれまでの「思い込み」や「勘違い」をなくすことです。左脳は主体性を持ち、右脳は比較することをやめる。それが理解できると、「魂」が開くようになっていきます。能力を使うためには、この魂を開き、脳にある「松果体」を起動させることが必要なのですが、実際には、松果体を起動させられない人がほとんどです。

それは「魂」こそが、人間の生命の中枢機能を司《つかさど》る働きをしているという事実を認識できていないからです。

現代においても、脳科学や量子力学という世界でさえも、未《いま》だ「魂」の力の解明ができていないのが事実です。「魂が松果体を動かしている」ということさえ、発見できていないのです。「魂」を使わなければ、この世の本当のしくみなど、理解することさえできません。

脳内の松果体を解剖学的に見たならば5ミリ程の大きさですが、魂を使って見ると、松果体は眼球ぐらいの大きさがあるということがわかります。魂を使って見るというのは、三次元的に見るのではなく、さらに上の次元で見るということになります。

「魂」というものは、人間一体にひとつではありません。「四魂《しこん》」といって、人間には、「荒魂《あらたま》」「和魂《にぎたま》」「幸魂《さきたま》」「奇魂《くしたま》」という4つの魂が宿っています。いわゆる「四魂一霊《しこんいちれい》」といい、この四魂（P.14、P.109図4「四魂」参照）と、それをコントロールしているのが「直《なお》霊《ひ》」と呼ばれる霊なのです。四魂一霊の考え方は、すでに幕末の神道家である本田親徳《ほんだちかあつ》によって提唱されていましたが、私が見えているものも同様です。

「荒魂」は、生きるための生命力の魂、「和魂」は調和のための魂、「幸魂」は幸せになるための魂、そして「奇魂」は脳内神経などの起動スイッチの役割がある魂です。4つの魂は三次元世界では目に見えないものですが、実際は人間の肉体の中を移動しています。基本的に四魂が存在する場所は、人間の身体の下から、尾てい骨と肛門の間に「荒魂」、膵臓《すいぞう》に「和魂」、心臓に「幸魂」、そして脳の松果体に「奇魂」が宿っています。またインナーチャイルド（自我）※注2は、「荒魂」の下にあり、ハイヤーセルフ（真我）※注3は、脳の下垂体に位置して

図4　四魂

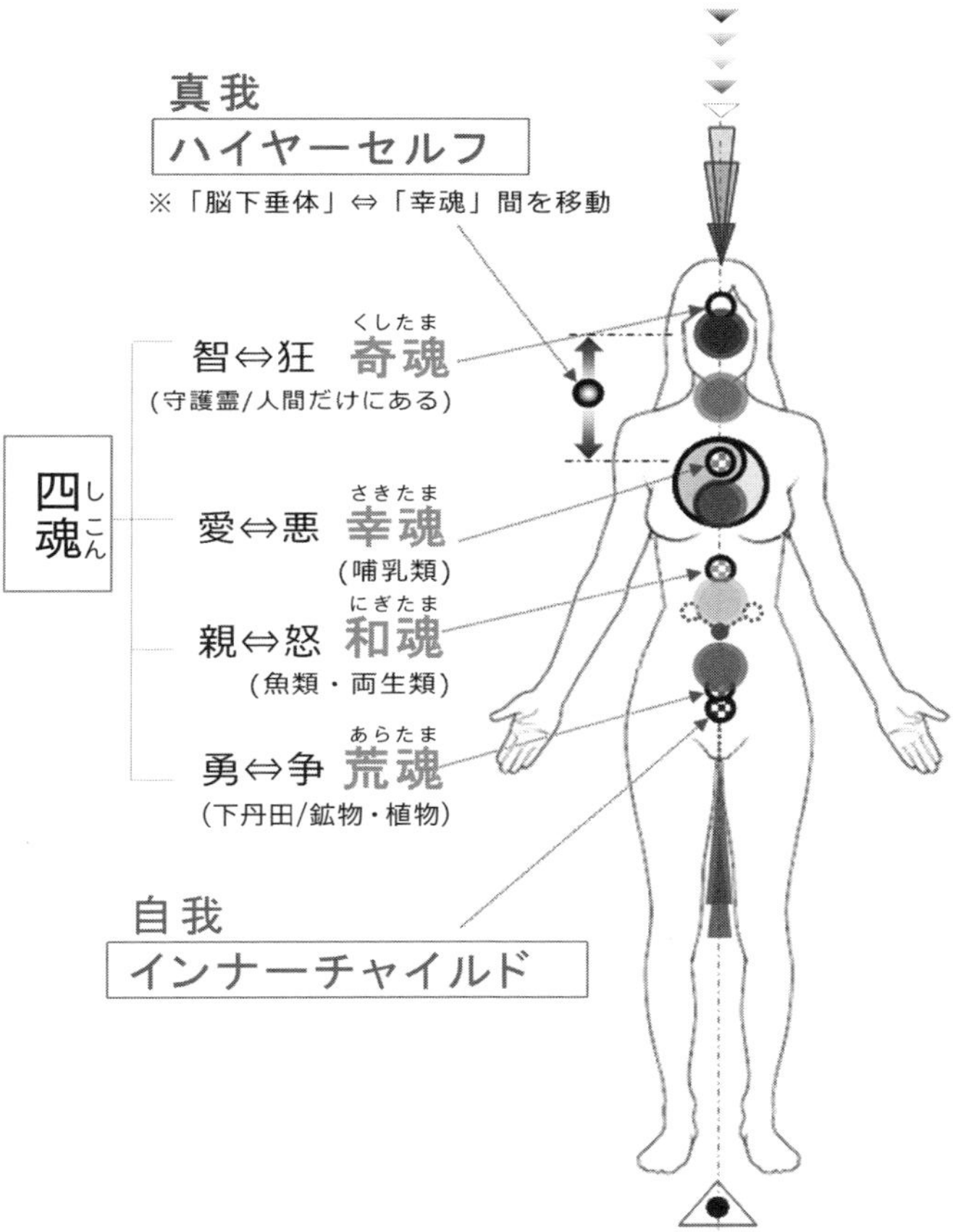

四魂が存在する基本的な場所

四魂(荒魂・和魂・幸魂・奇魂)それぞれの魂を意識し、それらを磨き、鍛錬し、天と地とつながるための準備をしましょう。

います。

「魂」を三種の神器《じんぎ》※注4に例えるならば、頭が「勾玉＝奇魂」、胸は「鏡＝和魂」、下丹田※注5が「剣＝荒魂」となります。三種の神器は「魂」を輝かせるための部品なのです。下丹田の剣を刺すことで、男と女が同化します。男は破壊、女は創造であり、それを維持するのが鏡と勾玉の役目です。勾玉は男の左脳と右脳の考え方で、心は鏡であり、その状態は明鏡止水※注6です。その三つが揃わないと松果体は起動しません。「魂」は勉強をして理解するのではなく本来は、「感じる」ものです。それが理解できれば、松果体を起動することができます。

「運命・宿命・天命」の意味を理解する

人間は「運命」「宿命」「天命」を持って現世に生まれてきます。「運命」は、「命を運ぶ」と書いて「運命」です。これは魂を運ぶという意味があります。

魂というものは、本来、何度も生まれ変わりを繰り返すことで、数百年、数千年、数万年と長い時間をかけて、魂の学習や使命を全うするための学びを得続けています。現世に生まれ変わる周期や回数は、学びの内容や魂のレベルによって人それぞれであり、人間として必ず生まれ変わる、地球上で再び生まれ変わりを重ねるといったケースは逆にレアケースであるとも言えます。

物質的な姿を持つ前の魂は、現世で人間として生まれ変わりを果たす前に、今度はこの父親と母親の間に生まれて、この名前を付け、前世はこんな人生だったから「今度はこれを学び、こういう自分を生きていこう」と計画したうえで生まれてきます。そのため、もともとの自分の魂が、学ぶべき魂の課題に即した環境や両親、兄弟を選んでいるのです。

このように「運命」というものは、生まれる前から設定したひとつの「家庭という船」に乗る冒険であり、同時にひとつの「国という大きな船」に乗ることによって、魂が新しい経験と学びを得て、さらに成長し、魂の使命を果たそうとする計画書そのものです。容姿もキャラクターも自分が設定したうえで、この現世で魂の修行をしているのです。ですから、病気や失敗、恵まれない人間関係など、不都合な現実が目の前に起こっているとすれば、それは、魂の課題からはずれる生き方をしている、何かが間違っているというサインでもあります。

それはすべて「計画書と違う道に進んでいる」「決めた課題から遠ざかっている」「間違った考え方や心の使い方をしている」といった

魂からの軌道修正のための警告なのです。

また、「宿命」とは「過去世＝前世」で行ったことのカルマ※注7であり、基本的に3代前までの魂のカルマを背負い、それらを解決することを課題としています。

カルマは、過去世の経験に基づいています。不安や恐怖の体験を「後世でクリアします」といった宿題が全部「魂に記憶」されています。それは個人的なことだけではなく、家族やコミュニティ、国家といったさまざまな要因や、前世での社会的立場などによっても変わってきます。

そして「天命」とは、神に戻るために男と女の二極化に対する経験値の差取《さと》りです。「ひとつの魂」の親神様の中に戻っていく。例えば、「私は青の魂ですよ、赤の魂ですよ」というそれぞれの魂の課題をクリアするための勉強をしてグループに戻り、その魂のグループ全体がレベルアップしたら、上の次元に上昇することになります。

魂のグループ一人一人が能力を上げて、非物質界へと戻っていった場合、その魂のグループは進化します。そして他の者を導き「神の思い」を具現化する役目につきます。このように、魂は神の一部であり、必要な学びと転生を重ねて、「破壊→創造→維持」を繰り返しているものなのです。

能力者が見ると、「あなたは聖母マリアの魂を持っていますね」「ブッタの魂を持っていますね」ということがわかりますが、それは「魂の出所」を指します。魂の出所にはいろいろな「種別」や「グループ」がありますが、魂は皆その同じ種別やグループのもとに帰っていくのです。私の場合は「ガネーシャの魂」のグループであり、「白の分《わけ》御《み》霊《たま》」を持っています。

人間の魂は、現世で修行をし、神のもとへ還ります。人生とは「魂」が学ぶために提供された時間と場所なのです。

人間が纏う7層のエネルギー体（オーラ）

私がクライエントの方を施術する際に見ているのが、その人が発するエネルギー体（オーラ）（P.15、P.116図5「エネルギー体」参照）であり、チャクラや守護霊たちなどです。スピリチュアルな世界に興味を持ち、勉強している方はご存知ですね。第1章でも触れましたが、簡潔に解説しましょう。

図5

エネルギー体

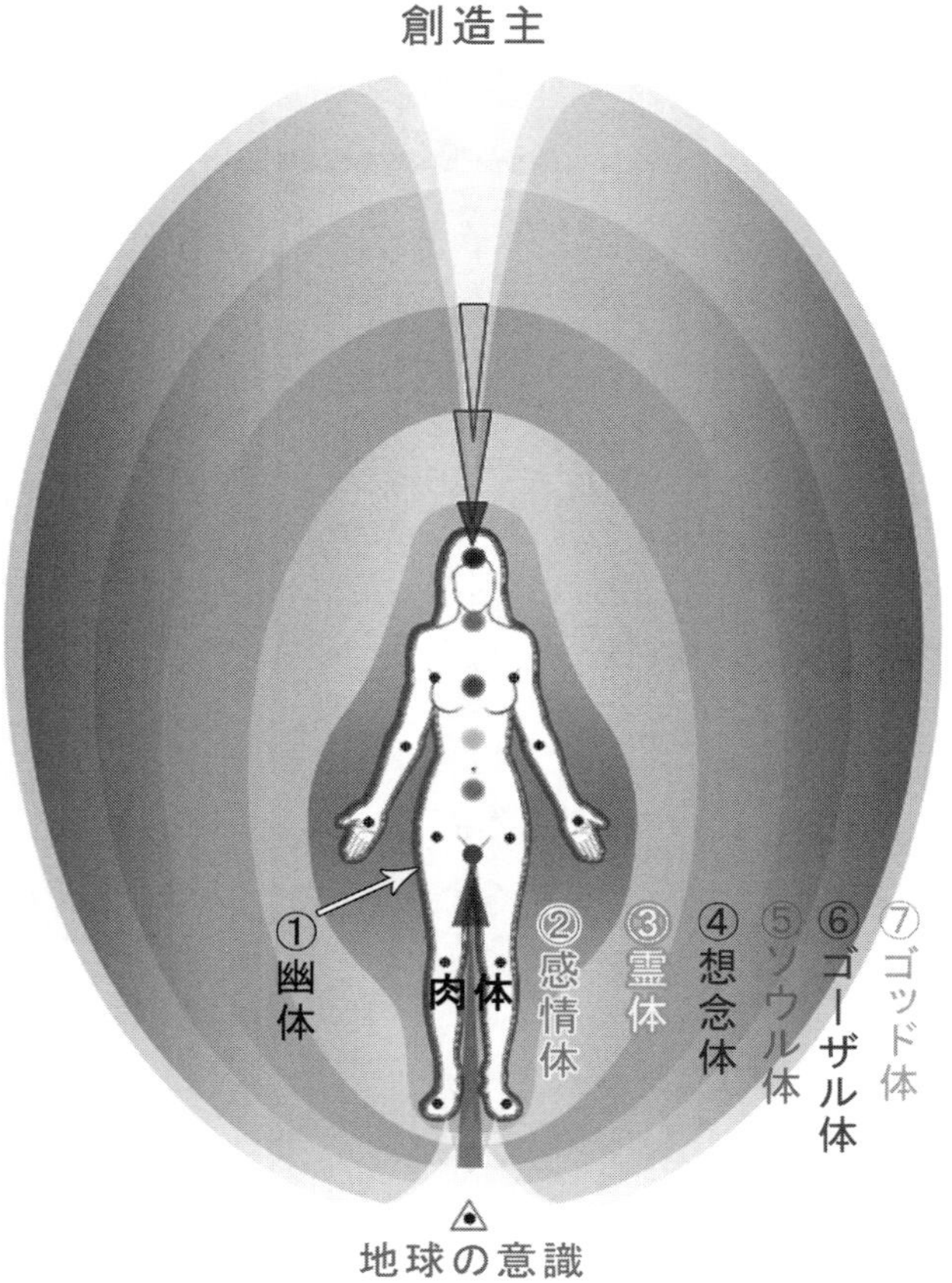

あなたは7つのエネルギー体（オーラ）を纏っています

実際のあなたはこの7つのエネルギー体（オーラ）を纏《まと》った姿をしています。感情や想念など内面がこのエネルギー体に表れているのです。

人間の身体は、いわゆる「オーラ」と呼ばれる生命エネルギーに包まれています。人間の肉体を覆うように、内側から外側に向かって順に①幽体→②感情体→③霊体→④想念体→⑤ソウル体→⑥ゴーザル体→⑦ゴッド体という7層になったオーラに包まれています。そして、それぞれの層が「感情・想念・光」を放っています。「肉体」は魂の入れものであり、物質界に存在するための「容器」の役割をしているのです。

私が見ているエネルギー体

0.肉体……この地球に存在する、すべての物質界とのコミュニケーションの結果を象徴しています。蓄積された情報が現象化し、肉体を作っています。

1.幽体……「半物質」といわれ、「エーテル体」とも呼ばれています。過去の記憶・感情（愛・恐怖・戦い・逃避・緊張・妬《ねた》み・嫉妬・苦しさ・寂しさ・孤独感・ショックやトラウマも含む）が表れます。また、下丹田とインナーチャイルドにつながっています。幽体は魂が肉体から抜けないように、肉体から約10ミリの場所に広がり、魂を固定する役割もあります。精霊界ともつながっています。

2.感情体……目や耳から入った情報を左脳と下垂体（魂が入っているところ）から出力し、神経や血液、リンパなどの体液を通して表面化しています。肉体から約60センチまで広がり文字通りその人の感情を読み取ることができます。

3.霊体…………「アストラル体」とも呼ばれています。目や耳から入った情報を右脳と松果体（奇魂が入っているところ）から出力し、性格や資質・感情や記憶・潜在意識など、すべてのコミュニケーション（脳と心と行動の機能）が表れています。仏界とつながっています。

4.想念体………ゼロか1のデジタルで表れます。始まりか行動、やるかやらないか、しかありません。愛の理念なのか恐怖の理念なのか、あなたの魂が判断した情報が間脳を通過し、通常肉体から約80センチまで広がっていて、コミュニケーションしたいものとつながっています。神界とつながっています。

5．ソウル体……向かう先・方針・意志・表現などが表れています。天上界とつながっています。

6．ゴーザル体……その人の神性・霊的レベル・精神活動・真我とオーバーソウル※注8のつながりや、その人のこだわりを具現していて、情報空間で何に囚われているのかを見ることができます。

7．ゴッド体……高次の意識（ハイヤーセルフやアカシックレコード※注9）と自分の神聖な分御魂とのつながりを表しています。このように、肉体と多次元エネルギー体すべてを合わせて人間の「身体」が作られています。

これらのエネルギー体を浄化することで、美しいオーラや魂を創り上げることが可能になります。

チャクラの重要性

チャクラとは、生命エネルギー（P.16、P.122図6「生命エネルギー」参照）を司り、エネルギーの吸収や放出、情報収集や他の意識との交流を行う重要なポイントであり、心身をコントロールする中枢です。チャクラは、私たちの身体の「ツボ」と呼ばれる場所に存在する主要7チャクラと、P.115「人間が纏う7層のエネルギー体（オーラ）」でお話しした7層のオーラ上に存在する第8～12のチャクラがあります。さらに、体表にたくさんあるツボ（経穴）にも、「副次チャクラ」として小型サイズのものが多数あり、特に頭部や顔面・掌《てのひら》や指先、関節などには密集しています。このようにチャクラは身体のあちこちで渦を巻いて立ち開いているのです。

図6

生命エネルギー

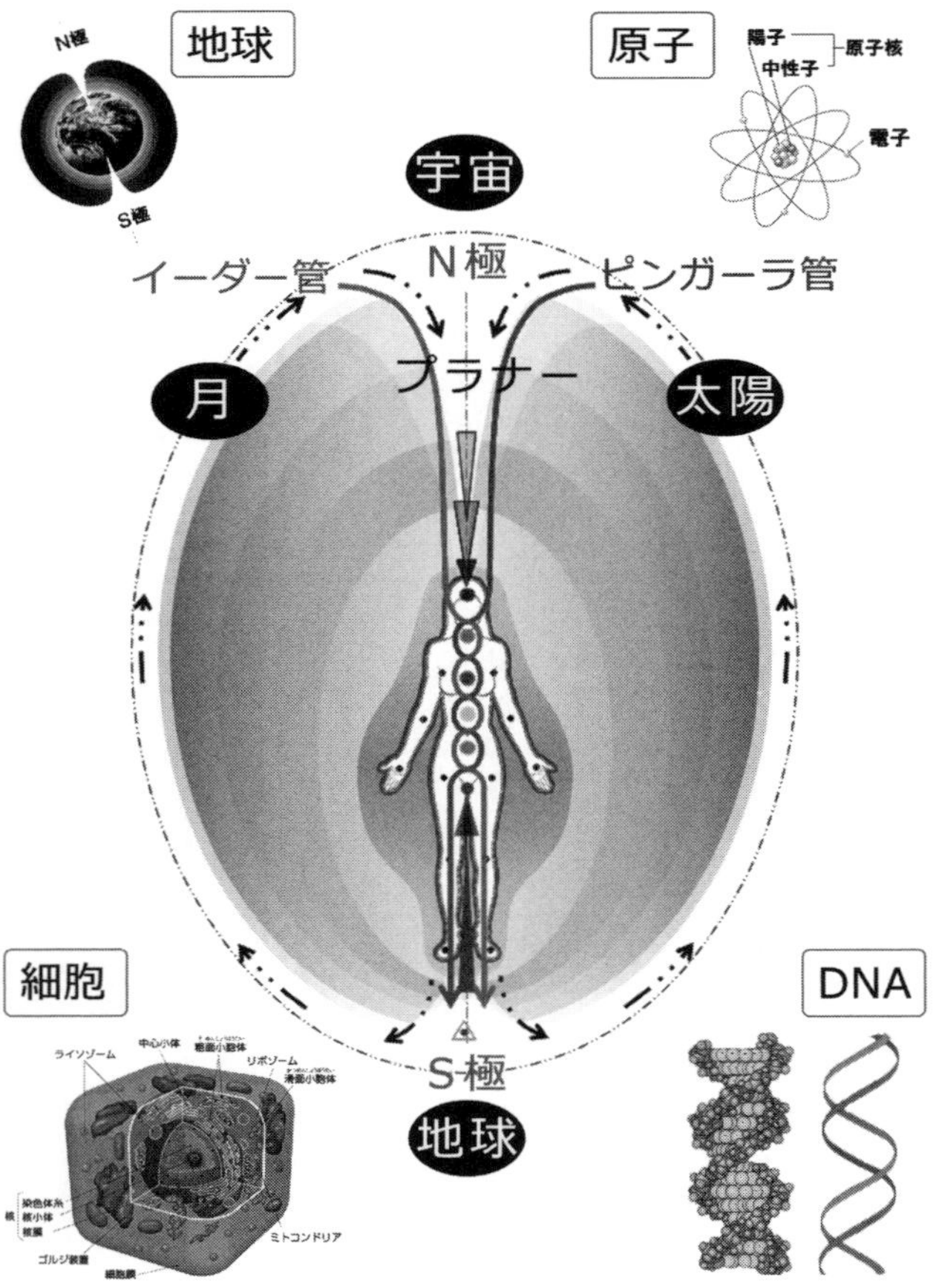

宇宙を循環する生命エネルギー

生命エネルギー・プラナーは、宇宙を循環しているのです。「天・地・人(宇宙・地球・あなた)」の天(宇宙)とつながることでプラナーを吸収できるのです。

正常なチャクラはラッパのように円錐状に開きながら渦を巻いて高速回転し、大小さまざまな形態で存在しています。

身体を正面から見た中心線にある「主要7チャクラ」は最も重要な位置づけとされ、脊椎《せきつい》に沿って下（尾てい骨）から第1チャクラが始まり、上に向かって頭頂の第7チャクラまでが、脊椎を軸にして身体の前後に向けて開いています。

また、それ以外にも足の下（地中）には地球とつながるためのチャクラがあり、頭上（上空）には宇宙とつながるチャクラも存在しています。

チャクラは7層のエネルギー体にも存在する

チャクラは肉体上だけでなく7層のエネルギー体（オーラ）にも存在します（P.17、P.125図7「チャクラと多次元エネルギー体との関係」参照）。例えばハートチャクラ（第4チャクラ）であれば、胸の膻中《だんちゅう》という経穴《けいけつ》から出ている肉体のチャクラと、幽体上にあるチャクラ、感情体にあるチャクラ、霊体のチャクラ、さらに想念体、ソウル体、ゴーザル体、ゴッド体のチャクラというように、それぞれの次元のエネルギー体に存在し、想念体のチャクラで取り込んだエネルギーは霊体のチャクラに影響して活かし、霊体のチャクラで吸収したエネルギーは感情体を活かすといったように、次元を超えてチャクラが互いに連鎖し合いながら、地球や宇宙のエネルギーを取り込み循環させて

図7　チャクラと多次元エネルギー体との関係

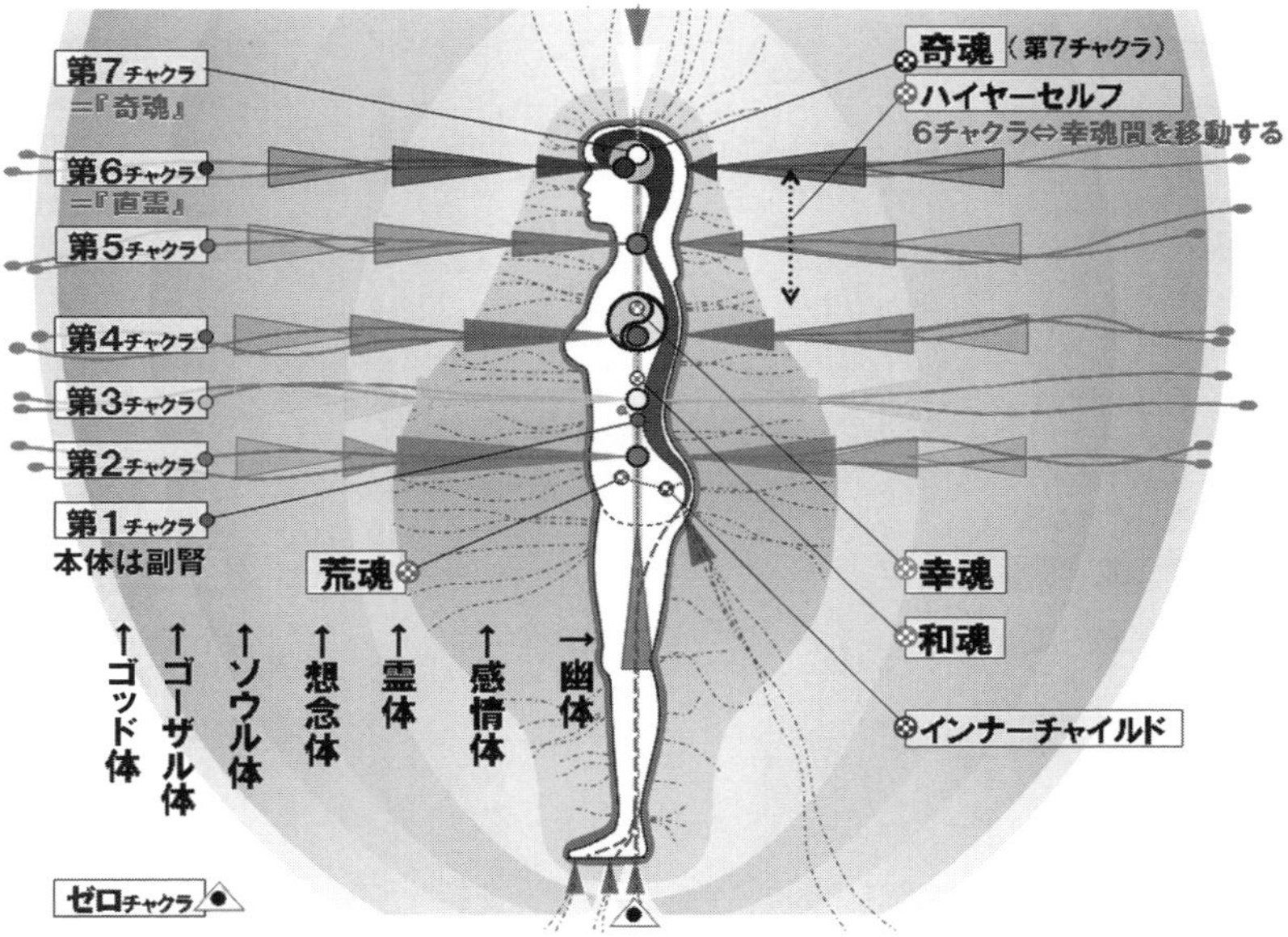

チャクラは7つのエネルギー体にもつながっている

チャクラから伸びた触手が、人間が纏った7つのエネルギー体にもつながり機能しているのです。

いるのです。

さらに、各チャクラからは紐状の触手（光のコード）が伸び、他の多次元的なものとのやり取りを行う役割として働いています。互いのチャクラを結んでポジティブにもネガティブにも影響を与えるのです。このように私たちの健全な心と健康な肉体、そして他の多次元的なものとのコミュニケーションには、チャクラという不可視な霊的システムによって支えられているものなのです。

チャクラは、鍼灸《しんきゅう》でいうツボ「経穴」と密接な関係にあり、このツボを体表の出入り口として使っています。つまり、肉体上に存在するすべてのチャクラは経穴《ツボ》の名称に置き換えることができます。

そしてツボとツボを結んだラインを「経絡《けいらく》」といい、チャクラから取り込まれたエネルギーが流れる道筋となります（P.18、P.127図8「チャクラとツボの関係」参照）。

図8　チャクラとツボの関係

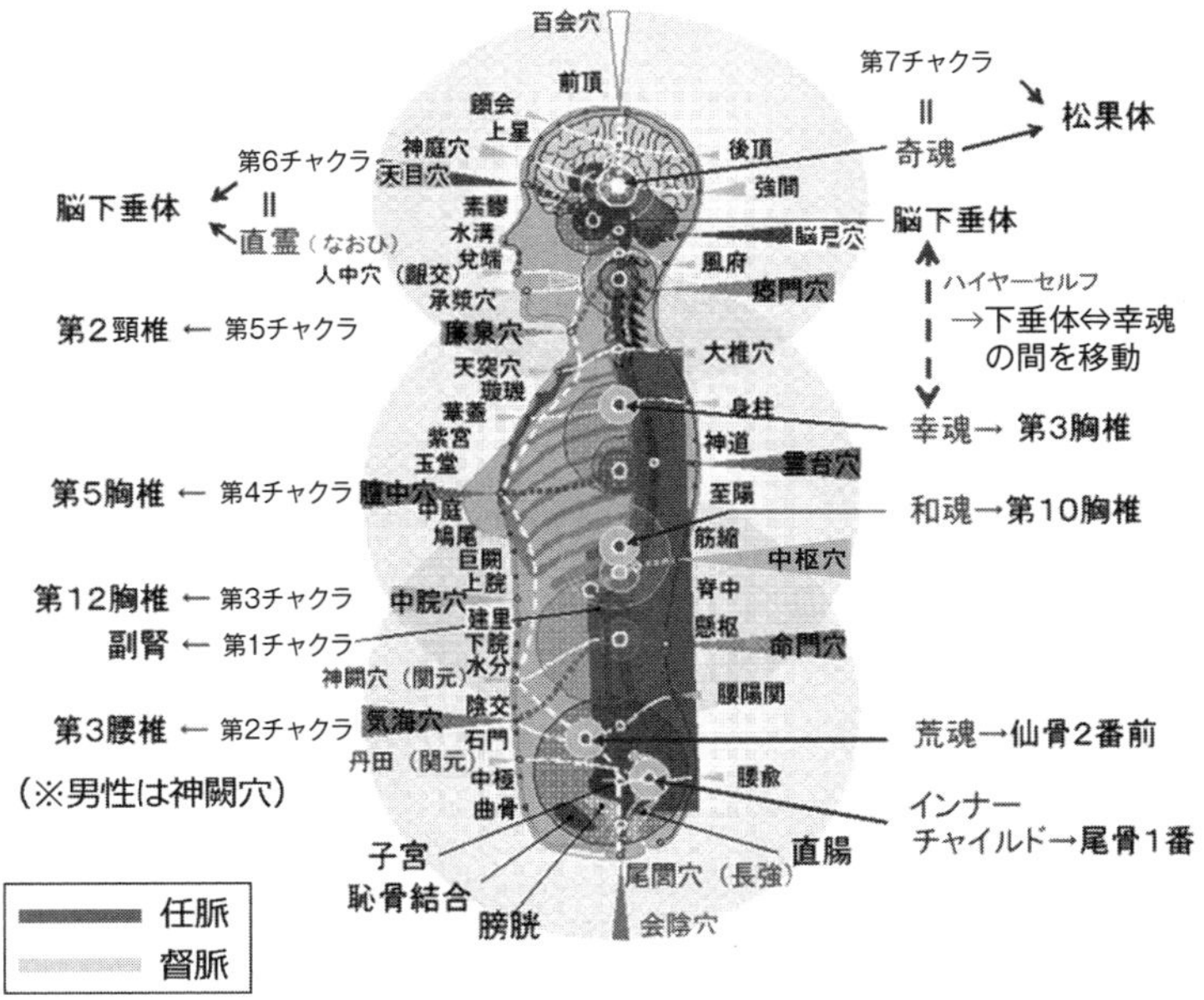

主要7チャクラと背骨とツボ（経穴）

人間の断面を見ると脳内の松果体、下垂体、そしてポイントになる背骨と主要7チャクラ、四魂の位置関係が理解できます。

経絡には約20のラインがあり、これによって身体中の器官や臓器、神経、血液などを、くまなく循環させることができるのです。そしてチャクラには出入り口である経穴とは別に本体の居場所があります。

第1チャクラの出入り口である会陰穴《えいん》と、第7チャクラの百会穴《ひゃくえ》を結んだラインにエネルギーが流れるメインパイプが走っており、主要7チャクラや四魂はこのライン上に存在しています(P.19、P.129図9「経絡」参照)。

そして任脈《にんみゃく》(前面側)と督脈《とくみゃく》(背面側)という身体の正中線上を走る経絡の出入り口(経穴)に向かって各々のラインが延び、そこから固有の色を発して回転しながら、私たちの健全な心身のために働いているのです。

図9　経絡

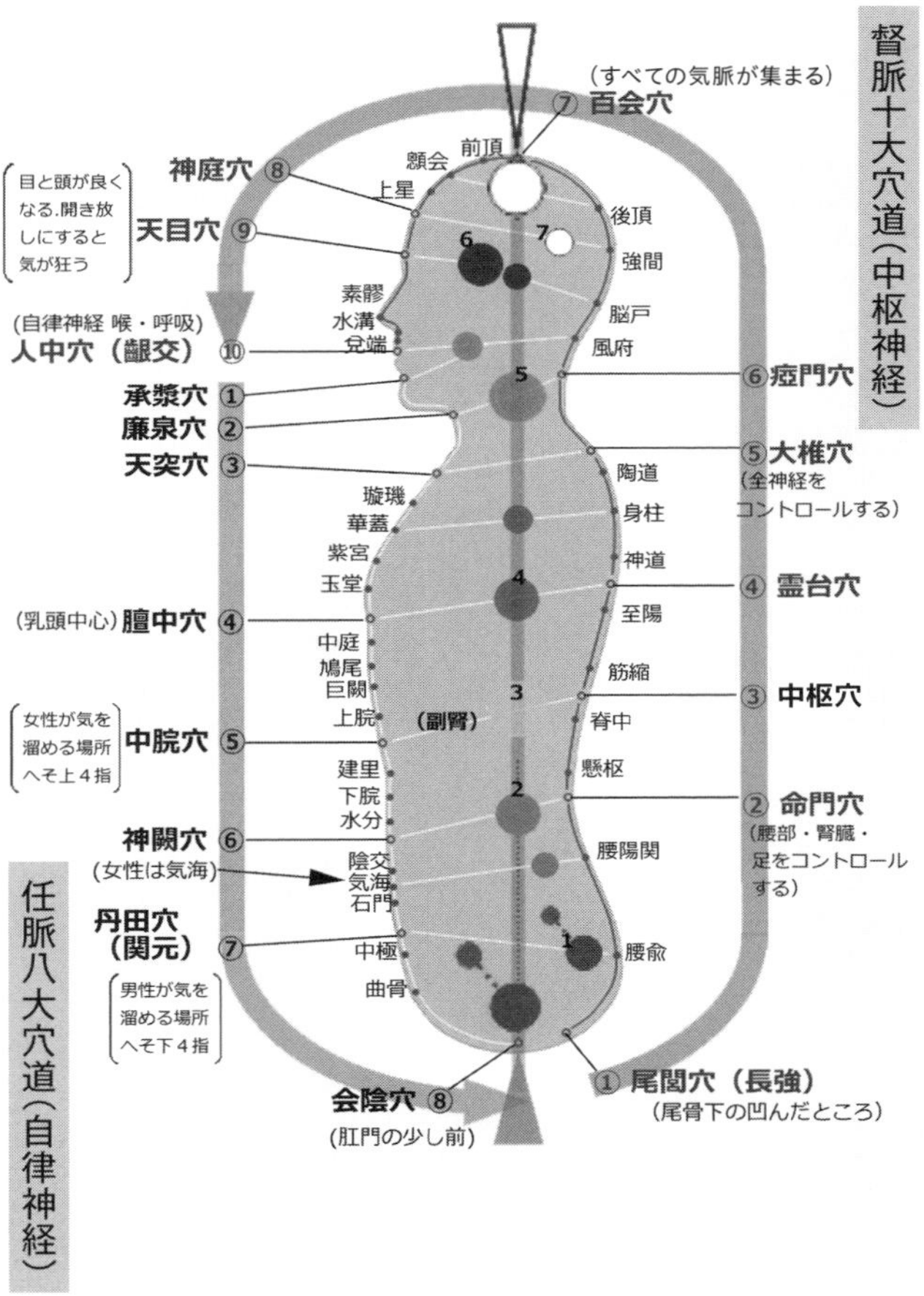

鍛錬のために理解すべき経絡

任脈八大穴道と督脈十大穴道と主要7チャクラとの関係性を示した図版です。大周天、小周天はこれらの経絡を意識して鍛錬します。

チャクラは生命エネルギー循環システム

すべてのチャクラから私たちは心身に欠かせない宇宙エネルギーである、気やプラーナ、エレメントといった人間が存在するために必要不可欠な構成要素のひとつとされるものを取り込み、吸収したエネルギーは経絡（気脈・エネルギーの流路）を通じて神経系や内分泌系・血液などに送り込まれます。そして、過剰になったものやマイナスのエネルギーなどはここから再び排出されるようになっており、チャクラはエネルギーの変換所（吸収・排出）の役割を担う「生命エネルギー循環システム」と言えるものです。

各々のチャクラは、歯車でつながった装置のように相互に噛み合って機能しています。その歯がひとつ欠けただけでも噛み合わせが悪くなり、装置全体が正常に働かなくなってしまうのです。もし特定のチャクラにストレスが溜まるような状況に陥ると、チャクラの回転速度が落ち、生命エネルギー体であるオーラは、身体への出入りをスムーズに行えなくなります。その結果、適切なエネルギー変換に支障をきたしてしまい、他のチャクラにも連鎖してシステム全体のエネルギーバランスが崩れてしまいます。

チャクラがバランスを失うと、肉体的な病気や感情的・精神的な混乱をもたらします。人によっては理由もなく体がだるく感じたり、不安や悩みを抱えてしまい、不眠になるなど不調が起こります。このように、何らかの不調を感じたときは、そこに対応するチャクラが正常に働いていないということです。

チャクラの役割

順にチャクラの特徴を解説しましょう。

第1 根のチャクラ「ルート チャクラ」色：赤 音：ド

幽体（エーテル体）に連結し、尾てい骨と肛門の間（背骨の最下部）に位置する。臓器では腎臓と、また足の裏の0チャクラから地球のアカシックレコードと荒魂につながり本能を司る。根源の生命エネルギーであるクンダリーニが循環する起点となる。根源的生命力、性エネルギーに関連しており、この土のチャクラが弱く不安定だと、無気力・性的な不満・争いを起こすが、活性化されると生命力・勇気をもたらす。

第2 丹田のチャクラ「スプリーン チャクラ」色：オレンジ 音：レ

感情体（メンタル体）に連結し、へそから約指2本下（丹田）に位置する。月と海、そして自律神経とのつながり、免疫系・生殖エネルギーに関与している。自己の感情を表現し、他人の感情を理解するところであり不動心につながる。この水のチャクラが弱いと、嫉妬や孤独感を感じ、活性化されるとパワーに溢れ、また順応性を持つことができる。

第3 胃のチャクラ「ソーラプレクサス チャクラ」色：黄色 音：ミ

霊体に連結し、脳脊髄神経とつながり、胃・肝臓・脾臓《ひぞう》・胆のうに関与する。和魂のある場所であり、あらゆるエネルギーを火のエレメントで破壊・創造し、生命エネルギーとして使い、人との会話や接触が起こるたびにエネルギーを放出し、また吸収する。そのようにして外との関わりを学んでいる。このチャクラを通して恐れや不安・

痛み・罪悪感・愛情・喜び・幸福感を現実化する。また、金運にも関係しており、また肉体と精神のバランスをとる場所でもある。このチャクラが弱いと悲しみや不安を現し、活性化されると優しさ・親切さ・独立心が現れる。

第4 心臓のチャクラ「ハート チャクラ」色：緑／ピンク 音：ファ

想念体（アストラル体）と連結し、真我とつながり愛の感情を起こすための風のチャクラ。幸魂があり、心臓・肺・内分泌腺・胸腺とつながる。このチャクラが弱いとストレスを受けやすくなり、相反すると悪いことが起こる。活性化すると広い心と想念を持てるようになる。胸腺は免疫系を司っており、また、胸腺には魂が乗っており、緑色の蓮の葉の上に緑色のつぼみがあって、愛が芽生えたときに開花、さらに中にあるピンク色の花が咲く。あらゆる存在に愛を見出すことができるようになってピンクの花が開く。

第5 喉のチャクラ「スロート チャクラ」色：水色 音：ソ

ソウル体と連結し、聖なる高次の意思（神意）と結びついている。甲状腺・副甲状腺につながり、基礎代謝に関係する。表現や知性を表し、多次元のものとのコミュニケーションを司ることができ、創造性が生まれ、文章、絵、音楽、思い、多様な表現方法が可能となる。言葉はさまざまな方向で統合を可能にする能力、念力があり、このチャクラが開き活性化すると信念が現れる。心が大きくなって何かを急《せ》き立てられるようになり、自分も周囲にも、さまざまな変化が起きる。弱いときはストレスを感じる。

第6 眉間のチャクラ「サードアイ チャクラ」色：紫 音：ラ

ゴーザル体と連結し、天上の聖なる愛に関連する真我・オーバーソウルとつながる。脳下垂体に位置し、奇魂が存在する場所であり智慧《ちけい》をあらわす。五感で感じたことは、まずここに一番に入り考える場所であり、知恵を表す非常に大事な場所である。ここが開くと直観力や透視など霊的な能力が現れ、その半面、幻聴・幻想による現実逃避に陥り、狂ってしまう場合もある。

第7 頭頂チャクラ「クラウンチャクラ」色：白 音：シ

神体(ゴッド体)と連結し、松果体に位置する。高次の統合された意識・知・精神やハイヤーセルフとつながる。高次とつながるラインのアンテナの役目をしており、ハイヤーセルフや宇宙意識、幽体離脱などを支配する。非常にスピリチュアルなチャクラであり、このチャクラが開くと地球平和・人類の幸福を純粋に願えるようになる。

チャクラの活性化で、潜在能力が開花する

主要7チャクラは7年周期でひとつずつ開く準備が整い、7歳で第1チャクラが、そして14歳になると第2チャクラ……というように、49歳で第7チャクラまでの整備が整い、すべてのチャクラが関連して正常にシステムが稼働・調和すると（調和している人は）、肉体的・精神的に安定しバランスを維持できるようになります。

またチャクラはそれぞれが固有の色を持っています。主要チャクラの各色は、7層のエネルギー体（オーラ）と密接に関連しているので、バランスがとれている状態の人は、7色のチャクラが力強く回転しながら、色彩・形状ともに綺麗に整った美しいオーラの光を放っています。

例えば、ハートチャクラは愛のエネルギーを生み出すエネルギー中枢で、基本色は緑です。ただ、想念体と関連しているため、愛情深い人の場合は、緑のほかに想念体の色であるバラ色の光で満ちているのです。実際、私のクライエントの方であり、ゴスペルの第一人者として活躍されている方が、ある日私の施術を受けに訪ねて来られました。そのとき、歌を歌っていただいたのですが、その歌を聴いたとき、思わず笑みがこぼれました。「ハートチャクラがピンク色で、バラの花が開くように回転している。愛を伝えるように歌っているんですね」と私が言うと、その方は嬉しそうに「そうなんです。愛を歌っています」とおっしゃいました。

北半球では地球の自転でねじれが生じる

通常、チャクラは時計回りにラッパ状に開いて回転しているものですが、私たち日本人の住む北半球では、コリオリの力※注10によって反時計回り、南半球では時計回りで運動をしています。チャクラの回転が排水口に向かう水のように反時計回りに回転させられてしまいチャクラにねじれが生じます。そのため、北半球に住む人の多くは、反時計回りのねじれが要因で、左脳型タイプの人が多くなるのです。

逆に南半球では時計回りの運動をしているので、チャクラも正常に回転しています。私はたまに南半球を旅行するのですが、それは磁場の影響を緩めて本来のチャクラの働きを整えるためです。私の施術院へ訪れるクライエントの方も、右肩や右下半身などが、内側へねじれている方が多く見られます。特に肝臓、免疫細胞であるB細胞や骨細胞のねじれを放置しておくと、老化の要因となってしまいます。

最も重要な主要7チャクラ

「主要7チャクラ」は、「超・能力」を使うために欠かせない最も重要なチャクラです。主要7チャクラを含む12個のチャクラ（P.21、P.141図11「チャクラとのつながり」参照）を開き、正常に稼働させることができれば、物質・非物質のエネルギーが見えるようにな

図11

チャクラとのつながり

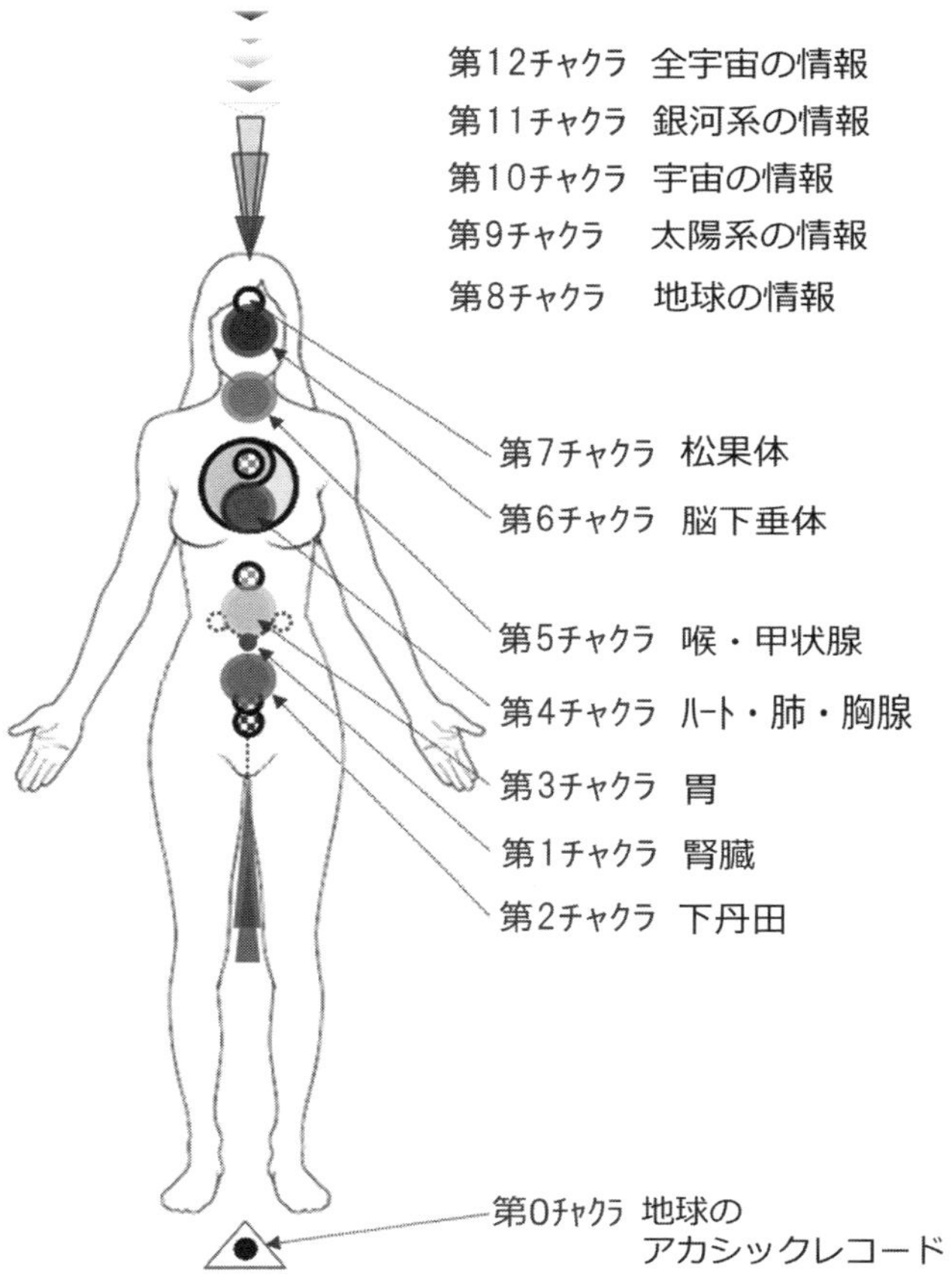

12のチャクラを開放して、天と地につながる

開放すべき主要7チャクラと、天と地とつながるため必要な6つのチャクラを表した図版です。

り、超・能力を取り戻すことが可能なのです。私の施術では、基本の第1チャクラから順番に開いていきます。私はこれまで多くの方々をヒーリングしてきましたが、この7つのチャクラがすべて開いている人を一度も見たことがありません。それどころか残念ながら第1チャクラすら開いている人を見たことがないのです。この事実がこの指南書を上梓するきっかけにもなりました。

「主要7チャクラ」は、7年周期で、私たちが年齢を重ねるごとにひとつずつ開く準備が整います。ですが、本人が意識して開く事はまず無理です。

デバイス機能を装備するために 第8～12チャクラを開放する

主要7チャクラを開くと、次に必要になるのが天(宇宙)と地(地球)と交信するための機能です。第8チャクラ以降は、天の父とつなぐためと、頭に入っているスペックを足の方へ、右足がリンクステーション、左足がサーバーだから、そちらへ置き替えてスペックを軽くするための人間の肉体を纏う7層のエネルギー体上に存在するチャクラです。そして、肉体をカスタマイズするためにデバイス機能を搭載し、稼働させます。その第8～12のチャクラを第1～7のチャクラや臓器(肉体)につなぎ、必要なソフトをインストールしていくというイメージです。

ソフトをインストールするとは、各ソフトの数式を自分の脳に取り込むということです。私は施術する際にクライエントの方の波動を計測しています。それは波動計の数式を自分の脳に取り込む(ダウンロード)ことで波動を計測できるようになりました。

世の中には多くのソフトがありますが、ＷｏｒｄやＥｘｃｅｌにしろ、すべてのソフトは、脳の具現化でしかないのです。ＡＩも、人間の脳をモデルに作られています。

第8チャクラは、ハードをつなぎます。頭頂からアンテナを出して、コントローラーとプリンター、右足はモデムとリンクステーション、左足はルーターとサーバーにつなぎます。また盲腸がコンバーターで、胆のうが増幅器です。

両足は有線ＬＡＮとなっていて、足の裏から地球のアカシックレコードと、「生命の樹」と呼ばれるところにつながっています。

第9チャクラは、脳にアプリやソフトをインストールするために必要です。Ｗｏｒｄ、Ｅｘｃｅｌ、ＣＡＤ、グラフィックボード、ＰｏｗｅｒＰｏｉｎｔ、セキュリティ、Ｐｈｏｔｏｓｈｏｐをインストールします。これらのソフトをインストールすることで天（宇宙）と地（地球）とつながり交信ができるようになります。

そして、前述した「運命・宿命・天命」を書き換えます。第10チャクラは「宿命」と「天命」を司ります。そこでは、男女のお互いに足りない要素を補強する学びが必要になります。

「天命」とは、男性の場合、反省や後悔をせず、失敗しながらも獲物を得るために、そして女性と子どもを守るために生まれてきたということ。逆に女性の場合は、直感や感覚を磨き、慈愛や母性を育むことを勉強するために生まれてきたということです。それを縦軸と横軸の座標にたとえると、男性が縦軸で、女性が横軸となり、その交差する十字の縦軸と横軸の糸を織り合わせ、布に変えていく作業です。こうすることで、糸はより強い布となり、人生に必要なより多くのものを掬《すく》い取れるようになります。

このように、お互いの足りない要素を理解し合い、本来の「男」と「女」になることで、女性は男性社会でも賢く周りをコントロールして、生きられるようになり、男性は女性の気持ちが理解できて、より優しく接することができるようになります。

簡潔に言うと、男は「破壊」で、女は「創造」なのですが、お互いの存在意義を知ることで「間のとり方」を学びます。そうすることで、夫婦が男と女の役割を果たし、お互いを尊重し合い、喧嘩することもなく夫婦円満を「維持」できるように成長するということです。これも人間から霊止になるための準備なのです。

第11チャクラは「運命」を司ります。第11チャクラが開くと、グランディングができるようになり、地球とつながることができます。左足は男性のチャクラで、財運、不動産運、仕事運などの運命を、右足は女性のチャクラで、家庭運、健康運、繁栄運などの運命と連動します。あなたの「運命」というものは全部、足の裏の「0チャクラ」とつながっています。そこで五行の「木・火・土・金・水」のエレメントを使い、呼吸法で魔素というエネルギーを吸い上げることをします。

第12チャクラは「運勢」を司ります。第4チャクラ（ハートチャクラ）とつながり、脳内の左の扁桃核《へんとうかく》が「空即是色《くうそくぜしき》※注11」の空を取り、右の扁桃核が「色即是空《しきそくぜくう》※注12」で色を取ると心の鏡が開きます。そして、人の「我」が取れて「神」となり、「天命」と「宿命」を明鏡止水の状態で冷静に見ることができるようになるのです。

これで主要7チャクラを含む12個のチャクラが開き、霊止になる準備が整いました。

注釈一覧（第3章）

※注1　**マトリックス**：擬似仮想空間。

※注2　**インナーチャイルド（自我）**：子どものころの記憶や感情のこと。

※注3　**ハイヤーセルフ（真我）**：高次元に存在する神に通じる自分のこと。

※注4　**三種の神器**：『古事記』などに登場する八咫鏡《やたのかがみ》・草薙剣《くさなぎのつるぎ》・八尺瓊勾玉《やさかにのまがたま》の総称。

※注5　**下丹田**：能力者が気を溜めて鍛錬する場所。おへそから5センチ下、背骨に向かって5センチくらい奥にある。

※注6　**明鏡止水**：心に邪心がなく、清らかで静かな澄みきった心境。

※注7　**カルマ**：自分の過去の善悪で生み出された業《ごう》の結果、本人にはね返ってくる因果応報の働きのこと。

※注8　**オーバーソウル**：過去・現在・未来のすべてを同時に見渡せる魂のこと。

※注9　**アカシックレコード**：地球と宇宙の3600テラバイトの情報。

※注10　**コリオリの力**：地球の自転により起こる慣性力。ここでは時計回りに回転するチャクラに対して、反時計回りの力が生ずる。

※注11　**空即是色**：仏教の経典『般若心経』にある根本教理。「この世にあるすべてのものは、実体ではなく、空無にほかならない」の意。

※注12　**色即是空**：仏教の経典『般若心経』にある根本教理。「この世のすべてのものは恒常な実体はなく縁起によって存在する」の意。

GOD HEALING

第4章

神の領域へ

Teachings of the Shaman

人間の情報伝達機能と脳のしくみ

ここでは人間の身体の中で起こっている「共鳴・共振・同調」と「脳・脊髄・12神経の関係」について解説しましょう。

共鳴・共振・同調の力についてですが、音や振動は、波動共鳴によって伝達されます(P.22、P.151図12「波動共鳴のしくみ」参照)。人間の体内は、70%の水分(体液)で構成されていますが、その水分を媒介して「共鳴・共振」を起こし、情報伝達され、波及していきます。「共鳴・共振」するために、最も必要とされるのが「水」なのです。

人間を構成している三大体液は、「血液」「リンパ液」「髄液」ですが、私たちが日常的に摂取する水分が波動「共鳴・共振」を起こすことで、

図12

波動共鳴のしくみ

音叉の共鳴

ひとつの音叉を叩くと、空気を媒体として音（エネルギー）が伝わり、音叉同士で共鳴する。

※上音はすぐに消え、純音のみが残る

振り子の共振

A球を振動させると、糸を媒体として同じ長さの糸のC球に振動（エネルギー）が伝わり、交互に共振する。

※違う糸の長さのB球は振動しない

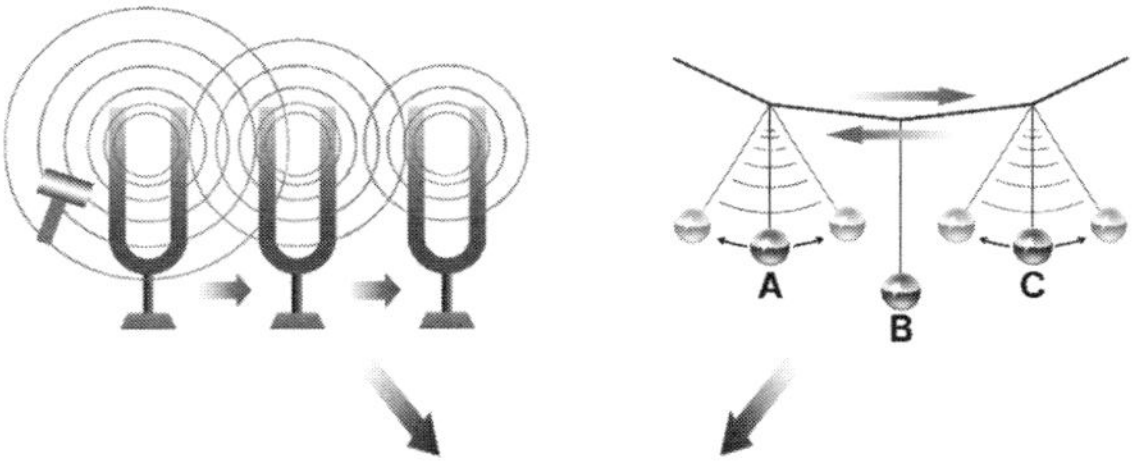

このような共鳴（共振）の原理が最も活かされるのが「水」！

人体を構成している70％の体内水分と、
外から摂取する水分が波動共鳴を起こすと…

↓

水に入っている情報で
体内を満たしていくことができる！

波動共鳴で体内の情報を活性化する

外部からの情報を体内水分により隅々まで浸透させることが必要なのです。

水に入っている情報が、私たちの体内を駆け巡るわけです。人間の細胞内にある水分は、感情体のデータを取り込み、人間の感情を反映させます。

人間をエネルギー体として能力を開花させるためには、まず第7チャクラまでを開き、エネルギーをスムーズに稼働させ、さらに「共鳴・共振」することで、松果体を起動させます。そして、光のエネルギー粒子となり、天・地・人（宇宙・地球・あなた）がひとつにつながったとき、霊止としての能力や力が使えるようになるということです。

地球上のすべて（物質・非物質）と「同調」することにより、宇宙や地球のコアとつながり、マトリックスの世界を体験します。それが、ワンネスです。「共鳴・共振・同調」こそが重要なキーワードなのです。

次に「脳・脊髄・12神経」の関係についてお話しします。現在の日本の医療では、対症療法である西洋医学を用い、病気を治療しています。例えば、「頭が痛い」「お腹が痛い」なら、痛み止めや下痢止めなどの薬が処方されます。癌があれば、切って治す、抗がん剤や放射線治療などで癌細胞を攻撃するといったことです。

対症療法というものは、火事になって、火災警報器が鳴っているのに、警報器だけを止めようとしているようなものです。火を消すのが根本治療です。すべては、脳内の延髄《えんずい》から尾てい骨へ延びる脊《せき》髄《ずい》神経に関係するからです。

脊髄から、脳へ痛みや違和感などが伝達されることで、私たちは肉体の異変を感じています。人間の脊髄は骨格に守られています（P.23、P.154図13「基本的な骨格（頸椎、胸椎、腰椎）」参照）。脊

図13　基本的な骨格（頸椎、胸椎、腰椎）

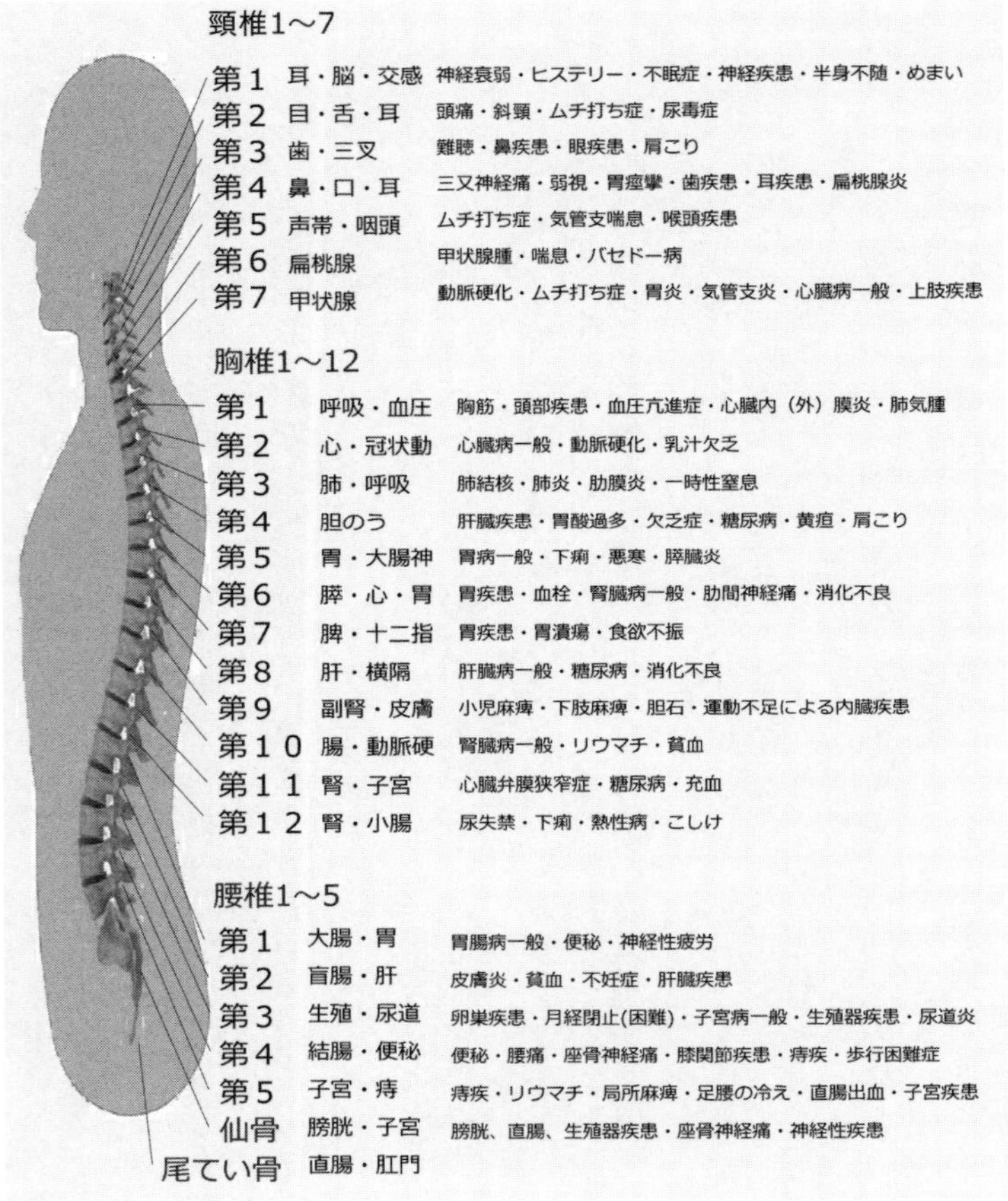

病気の要因と脊髄との関連性

基本的な脊髄神経が支配する24の部位(骨)を提示した図版です。実際は、さらに仙骨５個、尾てい骨は３個に分かれ、合計32の部位を脊椎と呼びます。

髄は、首の部位である頸椎《けいつい》に7個、胸の部位である胸椎《きょうつい》に12個、腰の部位である腰椎《ようつい》に5個、さらに仙骨《せんこつ》に5個、尾てい骨に3個あります。

西洋医学では、通常、首と背骨の32の部位の中にある中枢神経を「脊髄」と呼びますが、私は脳内にある12の神経を含めて施術しています。そして、この脳脊髄神経が何らかの変容を起こしたことで、身体の臓器などに影響を及ぼし、その部位が病の要因となっているのです。

12の神経とは、嗅神経《きゅうしんけい》、視神経《ししんけい》、動眼神経《どうがんしんけい》、滑車神経《かっしゃしんけい》、三叉神経《さんさしんけい》、外転神経《がいてんしんけい》、顔面神経《がんめんしんけい》、内耳神経《ないじしんけい》、舌咽神経《ぜついんしんけい》、迷走神経《めいそうしんけい》、副神経《ふくしんけい》、舌《ぜっ》下《か》神経《しんけい》です。

これまで何度か触れましたが、病気の正体は「あれが悪い、これはいい」と白黒つけたがる人の「考え方」が蓄積したもので、そのストレスが物質化して現れたのが病気です。それは感情体のストレスが作り出したものなのです。

脳内では、間脳、中脳、延髄が「身体全体」を支配しています（P.24、P.157図14「脳の断面」参照）。嗅覚神経は「集中力」を司っています。動眼・滑車神経は、見る目や思考につながっています。「心」は下垂体からハートチャクラに位置し、「魂」は第2チャクラの下丹田に位置していると前述しましたが、そこからさらに舌咽神経や舌下神経につながり、第7チャクラの松果体までつながっています。

また松果体は、小脳や、脳幹にある黒質につながっています。黒質とは、脳の深部に位置する非常に小さな領域で、中脳の一部を占める大脳基底核の構成要素の神経核のひとつなのですが、黒質は、

図14

脳の断面

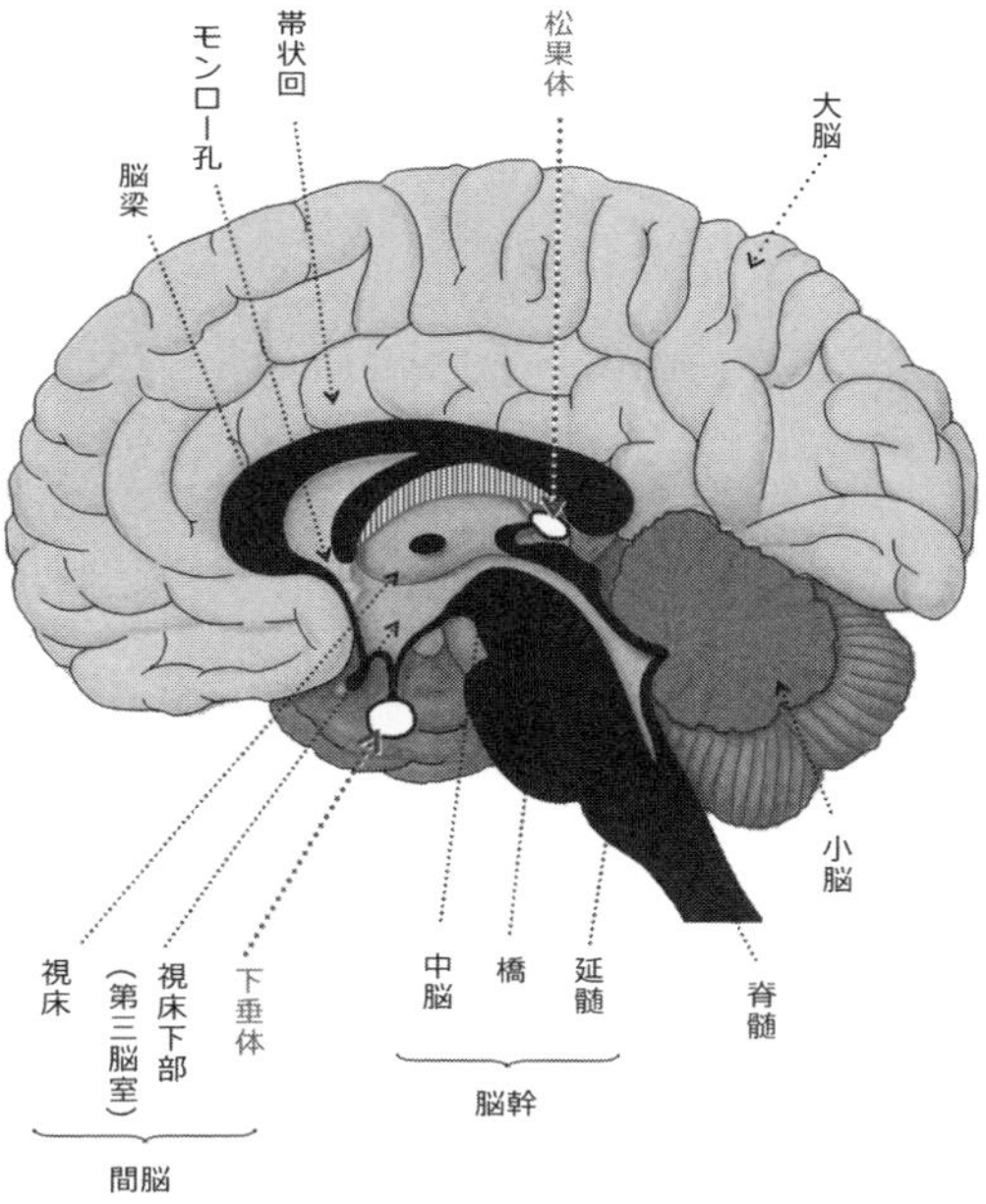

松果体を起動せよ

第3の目・松果体を起動させることで「天・地・人（宇宙・地球・あなた）」となり、人間から霊止《ひと》になります。

滑車神経、動眼神経、嗅覚神経とつながっています。顔面神経は他11の神経へつながっています。性格が顔に出るのは、そのためです。

このように脳内の12の神経は、霊止になるための起動装置である松果体と深く関わっているのです。

能力者のための鍛錬方法

1. 仙骨呼吸法

宇宙の根源的な生命エネルギーを循環させるために、必要な呼吸法を覚えましょう。それが「仙骨呼吸法」です。

仙骨呼吸とは

脳内の脊髄へ髄液を送り込むために行います。仙骨と後頭骨を呼吸に合わせて開いたり閉じたりすることで、髄液が脳に向かったり、脊髄神経に流れ込んだりする呼吸法です。

息を吸っているとき、吐いているときに頭蓋骨と仙骨が連動すると背筋が伸びたり縮んだりします。

そのときに足の裏の０チャクラ（湧泉《ゆうせん》というツボ）から地球の魔素（五行。木火土金水）の元気エネルギーを吸い上げます。そして天からは、プラナーという情熱を取り込みます。この、天（宇宙）と地（地球）をつなげる仙骨呼吸法が第一呼吸法です。

第二呼吸法は、仙骨呼吸法をすることにより背骨が伸びたり締まったりすることで肋骨《ろっこつ》が開いて胸骨が開くと自然に肺に酸素が入り込み、吐くことによって二酸化炭素が排出されます。酸素は鼻から吸って口から出します。脳や身体を若く保つにはこの仙骨呼吸法が大切です。

私は日々、クライエントの方のチャクラを開き、能力を使えるようにしていますが、たとえ第7チャクラを開いたとしても、背骨が硬いままだと、髄液がうまく流れません。日頃から背骨を意識してストレッチなどを行い、柔軟性を保つことも必要でしょう。能力者に運動が大切な要素であることも、このためです。

仙骨呼吸法により髄液を循環させることが、とても重要であることをご理解いただけたでしょうか。日頃から「仙骨呼吸法」を1日

3回のルーティンとして鍛錬することを心掛けましょう。

2. 丹田に気を溜める気功法

仙骨呼吸法を修得したら、次に修得すべき煉丹《れんたん》術があります。これは第2チャクラである下丹田に天の気と地の気を溜める鍛錬呼吸です。その方法は、呼吸法により下丹田に気を溜める鍛錬法です。

小周天

丹田にためた天と地の気やプラナー、魔素を、皮膚の表面の少し下を動くピンポン球をイメージし、正中線上の任脈《にんみゃく》、督脈《とくみゃく》の経絡に気を回していくものです。

①丹田に手を当て、エネルギーを溜めるイメージでエネルギーの通路である会陰穴《えいんけつ》に持ってきます。そのとき、舌を上あご（前歯の後ろ側）につける必要があります。鼻で吸って口で吐くという呼吸法が大切です。

②首の付け根のくぼんでいるところにある玉沈関《ぎょくちんかん》の3カ所を通過して、頭頂部までエネルギーを巡らせているイメージで意識を集中させます。

③これを3回繰り返します。

図10 小周天イメージ

図10 大周天イメージ

次に大周天《だいしゅうてん》です。

身体の背面の真ん中を通るツボの並びを督脈、身体の前面真ん中を通るツボの並びを任脈というのですが、この2つのツボの並びが連なって、全身にエネルギーを巡らせる働きをしています。身体に張り巡らされた任脈と督脈に気を巡らせるのですが、わかりやすく、次の「小周天」で示す3か所のエネルギー通過ポイントだけを意識して行ってもよいでしょう。（P.19、図9「経絡」参照）

大周天

地球の意識と創造主をつなぐのが大周天です。

これはまさに宇宙と地球につなげるための鍛錬で、「地球の魔素」

を人体内に取り込み、第1チャクラから第7チャクラまでつまったメインパイプを開通させます。このメインパイプが開くことを「クンダリーニを開く」と言います。前述した会陰穴（第1チャクラ）と百会穴（第6チャクラ）を結んだエネルギーが流れるメインパイプは、霊止として必要な根源的な生命エネルギーを循環させるために必要な通り道となります。

次に宇宙の根源エネルギーである「気」や「プラナー」を第7チャクラの百会《ひゃくえ》穴から気を取り込み、仙骨と両足を通して大地へと流します。そして新たに大地の気を取り込み、百会穴まで気を流します。これを繰り返すことでエネルギーの流れを体得していきます。

これまでご紹介した、1．仙骨呼吸法と2．丹田に気を溜める気功法と3．「身体のまわりに気をまわす小周天」「天、地、人、大宇宙と交流する大周天」を修得することで、能力を開くことができます。

「魔素（マナ）」が能力者の若さの秘密

地球は「愛」の星です。その「愛」とは「地球のエネルギー」のことです。その地球のエネルギーを使うこと、または、エネルギー変換したものを「魔素」または「マナ」と呼んでいます。「木、火、土、金、水」の5つのエレメント・素材（＝生命エネルギー）のことです。

世界各国それぞれの地域によって、呼び方が変わる場合があるのですが、ハワイでは「魔素」のことを「マナ」と呼んでいます。モーゼとイスラムの民が40年間、荒野を流浪した時に宇宙からもらったと言われているのも「マナ（魔素）」です。それは超自然エネルギー（エクトプラズム）で、それを呼吸していれば、不食でも人間は生きていけるものなのです。じつは、日本にも「マナ（魔素）の壺」が存在します。日本のお祭りで担ぐ御神輿《おみこし》の中に入っているのは、本来は「マナ（魔素）の壺」だったのです。

この「魔素」が、若さの正体です。魔素が減ると若さがなくなります。若いうちは自然界の生命エネルギーや、食べ物などから魔素を摂取していますが、人間は年齢を重ねると、物事への「考え方」などに囚われすぎてしまい魔素が摂《と》れなくなっていきます。

通常、70度以上の温度で熱すると魔素は消滅してしまうものなので、私は新鮮な生野菜をジュースにして飲んでいます。また刺身など、火を通さない食べ物から魔素を摂るようにしています。よく温泉へ行くのも、この魔素を摂るためなのです。人間は、無意識のうちに、こういったエネルギーを欲しているものです。

このように愛の星・地球の生命を動かしているのは、生命エネルギーである「魔素」であり、植物、幽霊、精霊なども、同じ魔素から作られた半物質です。私たち人間も父と母という肉体を持つ人間を介し、魂の息吹を受けて創られた、神や自然界と同じ存在であると言えます。

「癒しの力」と「GOD HEALING」

第7チャクラの松果体が起動すると、光や波動が出始めます。わかりやすく言うと、松果体が動き出すことで、「魂」が光の素粒子となるのです。光となった魂は、前述した会陰穴と百会穴を結んだクンダリーニの通り道であるメインパイプを通り、天（宇宙）と地（地球）につながります。

能力を使えるようになると、地（地球）につながることで、女性の能力である地球の生命エネルギー「魔素」を吸い上げることできるようになります。また天（生命の樹）とつながることで、宇宙からは、男性の能力である「プラナー・気」を吸収することができます。魔素が「癒しの力」で、気やプラナーが「ＧＯＤ ＨＥＡＬＩＮＧ」であり「術」なのです。

術を使うとき、私の脳内では、ＧＯＤを起動させる松果体、脳内を支配している下垂体、それら全部を統合している延髄が機能しています。光によって「第３の目」といわれる松果体を使い、クライエントの方の状態を見ています。そのため、その方を見た瞬間、どこに問題があるかを瞬時に読み取ることができるわけです。

時間軸がないパラレルワールド※注２の四次元で見極めて、多次元の空間の五次元で、パラドックスを通して神の創造を使い、未来を作り替えて、クライエントの方の未来を変えるという手法です。さらに、脳内にある延髄の第四脳室を使って「黒質」に霊を落として施術を行います。この黒質を使うと３６００テラバイトの最初に宇宙を作ったときの情報が入っているところへ生命の樹に合わせることが可能になります。このような、時空間を操り、施術を行うわけです。

私は、施術で主に「ＧＯＤ　ＨＥＡＬＩＮＧ」を使います。それは神との対話と透視を用いて人を見ていく施術です。そのためクライエントの方から直接話を聞かなくても、その人の状況を見極めることができます。施術中は、個々のオーラをおよそ、１００メートルくらいの範囲で見ていきます。個別の情報をそのオーラから読み取ることで、クライエントの方が抱える問題の根源をすべて読み取ることができます。

オーラを見ていくと、その後ろには、守護霊、先祖霊、指導霊たちといった霊がついており、その霊たちには意識もあります。そして、どの霊の意識がクライエントの方に関係しているのか、問題を起こしているのか、関係がある場合、根源を深く掘り下げて見ていくのです。

そして、クライエントの方の一番状態の悪いところから順に言葉にしていきます。性格的な特徴や考え方、思い方の癖、肉体上の問題や病理や症状などです。施術の時間自体は、一人３分～４分程で終了します。施術中は、前述したように、私の脳の状態は、熟睡の状態であるデルタ波と微睡《まどろみ》の状態であるシータ波の間の状態になっていますので、ある種のトランス状態に入り、瞬時にさまざまな情報を処理しています。

また、12のチャクラをすべて開き、能力者として超・能力が使えるようにセットアップしています。私はこうして「GOD HEALING」を通して、クライエントの方の閉ざされてしまった魂の扉を日々開いているのです。

ワンネスとは臨場感のある仮想空間

ワンネスとは、「この世のすべてはひとつである」という意味ですが、言ってみれば、それは臨場感のある仮想空間であり、まさにメタバースの世界です。自分の松果体が光になったとき、「ワンネス」の状態になります。そこには「集合意識」「集合無意識」「超意識」「宇宙意識」があります。

これまでのまとめになりますが、これが理解できると「共感」が使えるようになるので、地球意識や人とのテレパシーも予知能力も使えるようになります。そのためには「無の境地＝0《ゼロ》」に魂の状態を持っていかなければなりません。そして、自分に自信を持ち、誇り高い気持ちを持てる状態になると、「閃《ひらめ》き」も「静寂」も全部が使えるようになります。脱力すること、それが「ワンネスの境地」でしょう。

「ゾーンに入る」という言葉を耳にしますが、それは五感を超えたところの「潜在意識」や「無意識」の状態を指します。能力者が入っていく感覚は、その「ゾーン」からさらに深いところに入り込んだ「仮想空間」のことです。臨場感のあるその空間に入ると、集中力や引き寄せの法則も自在に操ることが可能になります。

「気持ちいい」「緩める」「脱力」といった状態に入れば、そこが最終的な「0《ゼロ》という場所」でしょう。温泉でその感覚を味わって体感するのは、良い方法です。私も温泉が大好きですが、一度温泉に入ると5時間も6時間も浮いていています。これも修行のひとつです。

注釈一覧（第4章）

※注1　**共感覚**：あるひとつの刺激に対し、通常の感覚だけではなく異なる種類の感覚が自動的に生じる知覚現象。

※注2　**パラレルワールド**：我々の宇宙と同一の次元から分岐し、それに並行して存在する別の世界のこと。並行世界、並行時空ともいう。

GOD HEALING

第5章

スペシャル対談
石橋与志男 & 石橋マリア

Teachings of the Shaman

魂の不思議

マリア：魂というのは人間の身体の中を移動しているものなのですか？

与志男：そう。第3章で、尾てい骨と肛門の間に「荒魂」、膵臓に「和魂」、心臓に「幸魂」、そして脳の松果体に「奇魂」が宿っていると書きましたが、これはあくまでも私の経験で見えている基本的な位置を言葉にしています。

マリア：チャクラは経穴ですから、身体の中の位置というのは決まっていますよね。

与志男：チャクラは移動しません。わかりにくく感じる方も多いかと思いますが、簡潔にお話しすると、魂は一人一人の位置が違っています。

マリア：人によって違うのですか？

与志男：そう。例えば、女性の場合は子宮に「荒魂」がいますが、男性には子宮がないですからね。気の鍛錬をするときに、第2チャクラの下丹田に気を込めますが、そこにあるのが「荒魂」なのです。

マリア：魂は用途によって位置が変わるということですね。

与志男：「荒魂」は、大体は仙骨の裏にいますが、肛門へ移動したり、太陽神経叢《たいようしんけいそう》にいたりします。私はこの感情を司っている太陽神経叢を「第1の脳」と言っています。また、下丹田の「荒魂」を「魂」と呼んでいます。

マリア：四魂は使い方に応じて、例えば、下丹田ならばそこへ意識を集中して持っていくという感じなんでしょうか？

与志男：そうですね。魂も人によっては、四魂だけでなく、さらに別の魂を持っている人もいます。

マリア：あ、3つぐらい多く持っている人は多重人格者ですよね。

与志男：そう。賢いというか、頭がよいと言われる人は、ひとつの魂が実際には3つという人もいますね。魂はもともとが神の分け御霊ですから、神の魂の中にさらにプチプチと小分けになった分け御霊が存在していて、それが地球に降りて私たちに宿っています。

マリア：1つの魂が3つかもしれないということですね。魂には色がありますからね。

与志男：黄色、赤色は勇者系でリーダーとか、水色は癒し系という感じですね。私の場合は白の魂なので、癒しの医療系ですが、白というのはいろいろな色が混ざっています。例えば、実際には白に見えるけど、青色と紫色の魂かもしれないのです。

魂が抜ける瞬間

マリア：先生は人間から魂が抜ける瞬間を見たことがありますか？

与志男：これまで、たくさん見てきたよ。魂が下半身の足（第2チャクラ）から抜ける人、そういう人というのは、大体、地獄に行っていますね。腹部から抜ける人は仏界に行っているし、頭から抜ける人は神様のところへ行っている感じだった。だから魂がどこから抜けるのかを見ていると、その後の行先がわかります。魂が抜ける場所は、大きく分けると頭から、足から、全身からの３パターンあるようなのね。

マリア：どのような感じで亡くなるでしょう？

与志男：大体人が亡くなると「ヒュー」と魂が幽体から抜けていくのですが、その方の魂の波動の重さの違いで幽界や仏界に分かれて移り住みます。背中から羽根が出てきて、天使になる魂も見たことがあります。

マリア：えっ?!　魂が天使に神上がりになったということですか？

与志男：そう。蟬が脱皮するでしょ、あれが天使になって抜ける感じ、鳥が羽ばたく感じかなぁ。全体から抜ける場合は、海老が脱皮する感じですね。

私は「症状の本質」を改善しようとしている

マリア：先生はクライエントの方の「症状の本質」を探りながら、施術をしていますよね。

与志男：そう。西洋医学では、目に見える患者さんの患部を触ろうとしますよね。でも、私は「症状の本質」を探って、その原因を改善しようとしているのです。

マリア：一般的な西洋医学の対症療法とは違い、先生はクライエントの方の「症状の本質」を改善しようとしている。

与志男：そうですね。

マリア：もし「胃が痛い」と訴えるクライエントの方の場合は？

与志男：そうね、そのクライエントの方の7層のエネルギー体と多次元のエネルギー体からの情報や、クライエントの方が発するあらゆる情報を読み取り「症状の本質」を取り除くための方法を見極めますね。

マリア：基本的には、クライエントの方の「症状の本質」は、「思い込み」や「考え方」で、肉体的には骨格（脊髄）にも関連してますよね。

与志男：第4章でも触れましたが人間の脊髄は背骨に守られています。その骨格は、首の頸椎が第1〜第7、胸椎が第1〜12、腰椎が第1〜第5、そして仙骨と尾てい骨と、30のパーツに区分できますね。

マリア：その30のパーツから各脊髄神経が人間の肉体へ影響している。

与志男：そう、クライエントの方の症状に合わせて、「症状の本質」を改善していくやり方ですね。見えるものではなく、私が「本質を見なくてはいけない」と話すのはそのためです。

エネルギー体の変化で見極める

マリア：先生はクライエントの方の7層のエネルギー体を見ていますよね、そこには多くの情報が見て取れるのですか？

与志男：そうですね。でも最近は、例えば、幽体（エーテル体）について言うと、頭半分が抜けている人がいますね。

マリア：それは、幽体離脱をしているということですね？

与志男：そう。学校で真面目に勉強ばかりしている人や、初めて来られるクライエントの方は、頭半分抜けてボーッとしている人が多くなりました。

マリア：そのような人への施術はどのようにしてるのでしょう？

与志男：そのような状態の人は、大概は、ご本人の「思い込み」で「うつ病」、「精神障害」と自覚して来られるのですが、単純に幽体が少し抜けていて「ボーッ」としているだけなのです。

マリア：単純に幽体離脱しているってことですね。

与志男：そのような人は、概ね、記憶力も理解力もないのです。でも幽体を元に戻してあげると、元に戻りますからね、クライエントの方の「思い違い」なのです。

マリア：幽体が少し抜けているというのは、例えば、病院の検査ではわからないことですね？

与志男：だから病院だと「うつ病」や「精神障害」といった診断になるでしょうね。

マリア：幽体の外側には感情体がありますね。

与志男：そう、感情体は平均して約60センチまで広がっています。感情体でわかるのは、そのクライエントの方の「怖がる・恐れ・戸惑う・不安がる」や、その方の「価値観」など、クライエントの方自身の内面を見て取れます。

マリア：それによって「症状の本質」を探っていく。

与志男：クライエントの方の感情体からは、今の病気や家庭環境、異性関係もわかります。表面と内面では、見える部分は全く違います。

マリア：クライエントの方の現在の感情的な状況がすべて理解できるのですか？

与志男：「オーラが綺麗になっているか？」がひとつの判断基準で、クライエントの方の状況に応じて、「第３チャクラがダメですね」といった判断をしながら改善しています。

マリア：エネルギー体の中でも感情体は変化しやすいオーラですね。

与志男：そう、日々のちょっとした出来事で変化します。何度も通院していただいているクライエントの方には、これまでの感情体の状況を「ずいぶん良くなったね」といった具合にお話させていただいています。

マリア：ほかにはどのようなことが見えているのでしょう。

与志男：そうね、クライエントの方の「未来」と「過去」も見えます。

マリア：クライエントの方の「過去」と「未来」がエネルギー体に表れているのですね？

与志男：エネルギー体は１００メートルぐらいの範囲に広がっていますが、

クライエントの方自身の背面を見ると「過去」が、前面を見ると「未来」が見えます。その方が持って生まれた輪廻《りんね》がわかるのです。

マリア：それで「未来」が見える。

与志男：そう、これからの予定が全部書いてあります。「今の状態で何年持つのか」「何年前にこの臓器が悪かった」などがわかります。私がクライエントの方に「このままだと、あなたは生きられない」とお話しするのも「未来」が見えるからなのです。その上で、「症状の本質」の不具合を調整して改善しているのです。それがわからないと改善することができません。

【エネルギーを測定し補給している】

マリア：先生は施術の際に、初めてのクライエントの方は驚かれますが、クライエントの方に対して「心臓に30」というように具体的な数値を言葉にしますね。

与志男：私の身体を１００％として、クライアントの不調部分を何％と言いながら、瞬間で１００％に改善しています。

マリア：先生と比べてクライエントの方のエネルギー（波動）を数値化しているということですね？

与志男：そう。例えば、クライエントの方の心臓のエネルギー（波動）が70％というように一瞬で数値を読み取れるので、「心臓に＋30」というように改善しています。

マリア：今は使用していませんが、以前、波動計（波動測定器）という測定器を使用していましたね。

与志男：使用していたよね。でも、1カ月も経たないうちに、波動測定をマスターしたからね。

マリア：そうでした。波動計のデータを全部、インプットしたんですよね。

与志男：波動計の数式をインプットして体得しましたね。だからクライエントの方のエネルギーを数値で読み取ることが可能なのです。

マリア：先生は人のエネルギー（波動）もそうですが、あらゆる物質が放っているエネルギー（波動）を測ることができるのですか？

与志男：そうですね。要するに私が施術で、クライエントの方に「何％」と言葉にしている数値は、「何％」足りないかということです。

マリア：それは先生のエネルギー（波動）と比較したクライエントの方との差ということですね。

与志男：そう、「50％」「20％」「5％」と足りない数値を言葉にしています。足りているところはそのままで、クライエントの方の足りない部分に％単位でエネルギーを補給してあげているのです。

マリア：それによりクライエントの方の症状は改善されますね。

与志男：それによってクライエントの方の痛みなどの症状が消えます。私が施術している3分間にその改善をしています。普通なら絶対に不可能なことをしているのです。

マリア：施術を受けた方で、改善されにくい人もいますか？

与志男：そうですね。私がしていることを理解しているクライエントの方は改善されます。ですが、これまでと変わらず「思い込み」や医学的な心配ごとに囚われてしまう人は、また自分で元に戻してしまいますね。

マリア：今までのその状態に慣れてしまっているからなのですね。

与志男：どうしても恒常性の戻そうとする力が作用しますからね。

マリア：クライエントの方の理解が必要ですね。

与志男：私がしていることをちゃんと理解してもらえれば改善されます。それを「悟り」といいます。例えば、クライエントの方で、狐が憑いている人がいたとします。それが「症状の本質」だったのだと悟ることができないと改善されません。それを理解してもらえたら簡単なのです。

日本と西洋の違い

マリア：先生はこれまでに１５０万件を超えるクライエントの方の「症状

の本質」を探りながら改善してきていますが、病気と霊の関係について教えてもらえますか？

与志男：そうね、例えば、性格的に頑固になって、人霊が10体ぐらい憑くと癌になりますね。

マリア：人霊が10体も憑くんですか？

与志男：そう。その場合、改善するには霊能力が必要で、地球から魔素を吸い上げて、それを使って魔力によって改善しますが、それを使えないとできないでしょうね。

マリア：先生の身体は、そんな事をしても大丈夫なんですか？

与志男：大丈夫です。自然から常時、魔素やプラナーを取っているからね。でも、普通の人がやったらエネルギーを取られてこわれてしまう。

マリア：そんなに人霊の魔力は強いのですか？

与志男：いや、日本の場合はヒーリングで改善できますが、西洋の場合は、魔力を使わないと改善できないのです。それは人霊の怨念《おんねん》が強いからなので、こちらに結構な力がないと、こちらが潰されてしまいます。

マリア：西洋の霊は厄介ですね。怨念の強弱で改善方法も変わってくるのですね。

与志男：コロナの場合は、ヨーロッパやアフリカの蠍《さそり》や蜘蛛《くも》などの魔素を使って、呪詛《じゅそ》によって改善しました。

マリア：呪詛ですか？

与志男：そうです、アフリカや南アメリカで使われた呪術の一種です。西洋の場合は、この呪詛でないと、怨念関連は改善できません。

マリア：改善方法も西洋と日本では、霊の持つ力により違いがあるのですね。

リーディングで原因を特定する

マリア：日本の場合は、病気の違いでどんな霊が憑くのでしょう。

与志男：そうね、リウマチの場合は、蛇が３００体ぐらい憑きます。

マリア：えっ、３００体ですか、それはもの凄い数ですね。

与志男：そのうち関節へ10体ぐらい憑くと、そこが腫れて固まって龍みたいになりますね。

マリア：龍ですか？

与志男：そう、他には、蛇は水の霊ですから、原因が井戸や川など、水に関連する場合が多いです。

マリア：今の人たちは、風水を気にせず暮らしていますからね。

与志男：クライエントの方が住む土地のお祓《はら》いは、絶対に必要になりますね。今の一軒家の下水道などは、水道パイプを地下に埋め込んでいますが、井戸だった場所を潰して作った場合、その上を人が歩くと龍神様が黙ってはいません。リウマチを患ったほとんどの方がそれをやっています。

マリア：井戸を潰すと怖いですね。新しい場所へ移り住む場合は、ある程度、その土地のことを調べるべきですね。原因を特定するのにも時間が必要ですもの。

与志男：そう。リウマチの場合は、クライエントの方を施術する際に12個のチャクラを開いてリーディングをしていきます。

マリア：リーディングですか？

与志男：基本的にはクライエントの方次第ですが、そうすると多くのことがわかってきます。そのようにして「症状の本質」を読み解いていくのです。

マリア：それぞれの環境でいろんなことが見えてくるのですね？

与志男：そう。いろんなことが見えてきたら、例えば、クライエントの方に「お母さんの様子を見てもらったほうがいいですよ」「生まれた土地が大事ですよ」「今住んでいるところの空気がどうなのか、調べてみたほうがいいね」といった具合にアドバイスをするのです。

マリア：「症状の本質」の可能性を順に探っていくのですね。

与志男：そうですね、あとは勤務先の問題や、もちろん家族の問題もありますね。

【自然治癒力と真のダイエット法】

マリア：自然治癒力について教えてください。

与志男：病気は医師に治してもらうものだと勘違いしている人が多いようです。病気は自分ではどうにもできないから、「お医者様が治すもの」、「お医者様へ任せるもの」という考え方をする人が多勢います。しかし、病気は病気になった本人がよくするものです。

マリア：自分で自分の病気は「よくならない」と決めてしまうとよくならないですよね。

与志男：そうですね、よくならないでしょうね。人間には自然治癒力（ホメオスタシス）という情熱の素晴らしい力があります。身体で何か異常が発生したとき、それを解消して本来あるべき状態に戻す力です。これは私たちの生命力が源となっています。病気をよくしたいなら、ちょっとした喜怒哀楽には、心の波を立てず、浮き沈みをしない大海のような心の持ち主であるべきなのです。うまくいかないことをすべて他人のせいにしないということです。

マリア：心の持ちようを変えるということですね。

与志男：そうです、自分の心のあり方を変え、与えられたものに、そして人に感謝する。愛で呼吸すれば、愛を起点にした生活にすべて変えていけば、自然に心が落ち着き、心が乱れないようになります。また「笑う」ことは、元気で長生きすることにつながります。何事も笑い飛ばすのがよいでしょう。まず、鏡を見て笑う稽古を始めてみましょう。どうしても笑えない人は、笑えることを考えてみましょう。

マリア：ダイエットについてはいかがですか？

与志男：身体が「重い」ということは、考えや感情、思考などが重すぎて、自律神経が悪くなり、代謝が鈍くなって、その結果、物質化し太るものです。リラックスして、笑う習慣（顔晴《がんば》る）ができると身体はもちろん、すべてによい影響を与えます。心を開いて自分自身を、すべてを受け入れるのです。心が、あなたの身体を、さらには、宇宙にまでも自分の愛が開放されます。自分を愛すること、すべてを愛することができるのです。

マリア：魂を開くのですね。

与志男：そうです、心で思い込まない。楽しむこと。魂で決めつけない。笑うこと。食べるときは喜ぶ。これが本当のダイエットです。

憑依する霊の特徴

マリア：他にはどのような霊が病気に関係しているのでしょう？

与志男：蛇はリウマチ関連でしょ、狐は「コンコン」なので風邪や喘息ですね。ゲジゲジは皮膚病になります。狸はね、食べてゴロゴロばかりして肥満になるかなぁ。

マリア：えっ（笑）。霊が憑いたときに、何か症状に特徴はありますか？

与志男：そうね、猫が憑くと艶《なまめ》かしくなって性格は悪くなります。ムカデが憑くと脊髄に入っていろんな炎症を引き起こします。宇宙霊が憑くと変なことを口走るようになりますね。落武者が憑くと性格が根暗になります。生霊が憑くと身体の節々が痛くなるし、餓鬼霊が憑くと食べられなくなります。武士が憑くと戦いが好きになって勝負に強くなります。守護霊が憑くと人生が大変になります。

マリア：守護霊が憑くと人生が大変になる？

与志男：守護霊の場合は、「勉強しろ！　勉強しろ！」って言います。守護霊というのは、その霊が現世でできなかったことをやらせようとするのです。だから「勉強しろ！」ってね。本当にウザいですからね（笑）。あとは指導霊が憑くと能力が長けてくるかなぁ。

マリア：指導霊はプラスになりますね。

与志男：そうね、指導霊は能力ＵＰするから助かります。

マリア：憑く霊によって、その人の人生は変わってきますか？

与志男：そうね、蛇は目が悪くなって、地を這うような人生を歩むことになります。狐が憑くと商売人になって儲かりますが、但《ただ》し、大火事になる場合もあります。狐の霊は、持ち上げるだけ持ち上げて最後に落としますから、要注意です。まぁ、それが狐さんの得意技です(笑)。

マリア：数多くのご先祖様が霊として、私たちを見守って下さっています。何かしらの霊が憑依する人は、思い方・考え方によりますね。

与志男：そうね、何かに囚われるとね。夜の繁華街に行くと憑いている人がいっぱいいます。

マリア：夜の繁華街ですか？

与志男：そう、蛇、狐、猫なんかに憑かれている人がいっぱいいます。猫が憑依した女性は「ニャー」なんて言う人もいますからね(笑)。

マリア：えっ!?

与志男：あのね、猫が憑いた人はもの凄く色っぽいんです。狐よりも猫のほうがかわいいしね。でもね、追い出そうとすると「ピョン」と2メートルぐらい高く飛び跳ねるよ。ビックリするぐらい(笑)。

私の脳は仮想脳

マリア：最近もニュースになっていましたが、脳にチップを埋め込んでパソコンから人間をコントロールできる時代ですね。

与志男：そうね、学校の勉強をしなくても、チップにさえ情報を送れば、チップを埋め込まれた人間は、その情報を理解できるということですね。

マリア：それはある意味、人間が退化したとも言えますよね。

与志男：昔、縄文時代はテレパシーでも交信して意思の疎通ができていた。それが言葉ができたことで、人間の能力は退化し始めたわけです。

マリア：でも言葉や文字は、記録として後世に情報を残せますよね。

与志男：日本の場合、神のやり方を後世に残すために神代文字、例えば、出雲文字《いずもじ》※注1、豊国文字《とよくにもじ》※注2・阿比留草文字《あひるくさもじ》※注3を作って、儀式のやり方や簡単な表現を残していたのです。

マリア：そうなのですね。

与志男：言葉ができたから、人間は退化し始めたとも言える半面、文字と紙で、後世に技術や歴史を残すことができるようになった。

マリア：今はインターネットの時代です。

与志男：昔のパソコンは容量が少なかったから、よくフリーズしたよね。「Ｎｅｔｆｌｉｘ」なんかで映画を観ているとすぐにフリーズして見られなくなっていたね（笑）。

マリア：今は容量が増えたから、その心配はないけれど。

与志男：私はアカシックレコードというクラウドを使えるからフリーズはしません。

マリア：アカシックレコードは３６００テラバイトという膨大な情報量がありますからね。

与志男：だからネットゲームと同じで、私の脳は仮想脳でできています。

マリア：ゲーム脳ですか？

与志男：そうです、Ｚ世代が強いのは、ゲーム脳だからです。私は「学校の勉強はほどほどに、ゲームをしなさい」と推奨しています。

マリア：これからは、ゲームに慣れている人たちの時代ですね。

与志男：そうなりますね。今の学校教育ならば、男は10番以内、女は30番以内くらいの、ほどほどがちょうどいい。

マリア：男と女の特長をそれぞれ伸ばしたほうがいい？

与志男：そう。女と男が戦ったら、絶対に男が勝つのだから、それなら、男と女の特長を伸ばして、それぞれの能力や魅力を磨けば、すてきな大人になるはずでしょう。

マリア：はい。

与志男：それにしても「なぜ日本人がこれまで蓄積してきた叡智《えいち》を学ばないのか？」とても不思議ですね。

マリア：超天才が誕生する可能性もありますね。

与志男：超天才が誕生しても不思議ではないです。それだけの叡智が日本にはありますから。

運命は神様が決めている

マリア：先生にはいろんな守護霊が憑いていたのですよね。

与志男：そう、中学生のときは、おばあちゃんが憑いていました。高校生のときは千手観音が憑いていたし、20歳のときは、薬師如来が憑いていましたね。

マリア：学校の勉強はしていたの？

与志男：学校の勉強はほどほどでしたね。小学校・中学校の時に、栄養、ビタミンなどの栄養学を勉強しましたね。あとは図書館で占いや算命術の本や草花などの本を借りて花占いや健康のことなどを学習していました。自分で学んだことを使いながら、あらゆることをどんどん構築していきましたね。

マリア：守護霊も変わっていったのですか？

与志男：そうね、この仕事を始めた頃は、ガネーシャなどのインドの神様や弁財天、聖母マリア、イエス・キリストといった神々でしたね。

マリア：先生はクライエントの方に、「やってごらん」って、お話していますよね。

与志男：私自身は20歳の頃から、馬鹿みたいに勉強をしてきたから、クライエントの方の意欲を感じると、つい「やってごらん」ってね。

マリア：興味のあることには、何でもチャレンジしたのですか？

与志男：ものすごく勉強したから。設計から医学、文学、芸術、あらゆる勉強をして、資格も取得しましたね。25歳までは何でもしましたね。

マリア：25歳で神様のお告げに従ったのですよね。

与志男：神様（千手観音）が「25歳までは何でもチャレンジしろ」っておっしゃったからね。それで25歳までは勉強したり、ありとあらゆることにチャレンジしたよね。

マリア：私たちの運命も神様が決めています。

与志男：そうだよね、38歳ぐらいの時に、神様から地球が1999年に終わる。その前に「仕事を辞めろ」と、おっしゃった。その後２００３年に戦争が起こって、２００５年に娘が「死ぬ」とまで神様がおっしゃる。それで「どうする?」って言われたからね。

マリア：神様がこれから人生に起こることを予言したのですか?

与志男：そう。当時の自分は、どうでもよかったけれども、それでも1年ぐらいで会社を辞めて、「運命」を悟って、この仕事を始めることに決めました。

マリア：その後、米国に留学したのですね。

与志男：退職金をもらって、そのお金で米国に渡ってカイロプラクティックを学びました。次に台湾に行って気功法、さらにインドで精神修行をして、そして39歳のときに開業したのです。

マリア：そのころにも毎日、40人ぐらいのクライエントの方が訪れていたのですよね?

与志男：ただ、10年も経たないうちに、今度は神様が「福岡へ行け」とおっしゃる。「ここでは日本は助けられない」から、「街に行け」ってね。それで神様に「一人では行けない」って話したんでね。そうしたら「ちょっと待て」と。

マリア：「ちょっと待て」と神様がおっしゃった？

与志男：そう。それであなた（マリア先生）が現れた（笑）。

マリア：私は私で霊能者の方に、先生と「結婚する運命だ」って言われましたからね（笑）。

与志男：それで福岡に行こうとしたら、今度は神様が「東京へ行け」っておっしゃってね。

マリア：桜新町でしたね。

与志男：その当時、地震も多かったから竹のある場所がいいと考えて、武蔵野はどうだろうと思ったけど、神様は桜新町だとおっしゃった。

マリア：桜新町には、桜神宮があって、そこに猿田彦様がいらっしゃいましたね。

与志男：そう、そう。結局、桜神宮のすぐ近くに神様に呼ばれて行ったよね。「この桜のように人を集める」って。まずは「芸能界、スポーツ界、次は政治家……」とおっしゃった。

マリア：そうでしたね、開業すると途端に神様のおっしゃる通りになりました。

与志男：もう神様は結婚から何から何まで全部を仕組んでいるよね。人間は「自分で決めている」って思っているけれど、決めてはいないね。実際には「決めさせられている」ってこと。すべてが神様の予定通りになっています。

マリア：先生に関わった人は皆さん、変わっていきますよね。

与志男：そうですね。クライエントの方も、どんどん変わっていくし、皆が自分の人生に目覚めて行きます。

注釈一覧（第3章）

※注1　**出雲文字**：出雲の石窟で発見されたと伝えられる神代文字。

※注2　**豊国文字**：『上記《うえつふみ》』などに記されている神代文字。

※注3　**阿比留草文字**：各地の神社において神璽や守符、奉納文などに用いられている神代文字。

おわりに

結論として、人間は自分の常識とする、その思い込みや囚われが災いし、自らの精神力を落としているものです。感情を見れば、「頑張らなきゃ」という思い込みや、他人との比較、競争といった考え方が、この世界をおかしくしています。その考え方、思い込みを手放すことができれば、日本人は昔のように四次元、五次元の能力が使える人間に戻ることができるはずです。

例えば、スピリチュアルや自己啓発などでよく耳にするハイヤーセルフとインナーチャイルドについても、今のスピリチュアル界隈でいわれている解釈とは異なります。それは本来魂を指しているからです。エゴと愛を履き違えて解釈しているということになりますね。愛とは何か、博愛とは何か、慈愛とは何かといえば、それはワンネスです。光と闇の解釈も間違っています。闇は癒しであり、創造です。女性性であり、肉体でもあります。一方、光は破壊であり、温もりであり、男性性であり、太陽。光は闇から生まれるものです。闇の役割を知らなければ、光も理解できないのです。

このように、世の中には間違った情報が、さも常識のごとく信じられ、多くの人にとっては、何が真実かもわからないまま、間違った思い込みをしているものです。世の真理というものを自ら学び、目に見えないものも含めた真実を感じ取らなければ、用意された意味のある自分の人生も、豊かに歩むことさえ叶わなくなってしまいます。

男は太陽であり、女は地球であり、そして自然は調和です。女性が笑い、男性が喜ぶ。そして世界を楽しむことです。神々は今、人類が質素な生活に戻るように促しています。私たちが、質素で必要最小限の生活を共有し、楽しみながら生きる。そして、調和のとれたコミュニティを作っていく。そうすると、今後も地球は維持できるはずです。

縄文の時代から、日本人はそうして平和を維持し続け、争いもない慈しみの暮らしを長く続けていた民族です。その時代はまさに地上天国といえる場所。その後、人々が土地を所有し始め、主張し、比較することによって、争いが始まりました。何事も比較することによって左脳が発達し、争い、その結果破滅を繰り返しているのです。

縄文の時代から日本人は、お金がなくても自分の個性を活かして役割を果たし、誰かの喜びに変えるという尊い暮らしを営んできました。その、お互いの喜びこそが私たちの「お金」だという考え方ですね。山の民は自分たちが作った野菜や果物、キノコなどを提供し、海の民は海産物を採って、それを物々交換していたわけです。現代ではネット上で売り買いもできるのですから、その時代の心に戻せばいいのです。

土地もそうです。領土を自分のものにしたことから戦いが始まったわけです。今も一部の人間の金儲けの我欲が度を超して、利権の独占とコントロールのために世界中を巻き込み、争いを起こしています。

地球はこれまで氷河期や、隕石の衝突、数回にわたるポールシフト（マントルの地殻変動により地表の陸と海が逆転する現象）により、人類滅亡の危機を何度も経験しています。どうしても地球は、下が軽く、上が重く高くなっていきます。そのため、地球が自転すると、上部のプレートを巻き込む形でさらに下が軽くなっていきます。そして、ある状態までいくと、砂時計のような現象で、ポンと天地がひっくり返るわけです。過去に栄えた、ムーやアトランティス、レムリアといった文明が海中深く沈んだのはこのためです。

今、地球では、再びその時期が近づきつつあり、現状では北太平洋側が持ち上がってきています。私が見た世界線において日本は、本来１９９９年に大地震が起こり、その後２００１年に戦争に巻き込まれ、その後、２００５年ぐらいから対戦が始まって、２０１５年ぐらいに終わる予定でした。そしてそのときに、ほとんどの人間はいなくなっていたはずです。それが本来の予定でしたが、パラダイムシフトが起こり、現在の存続があります。

じつは、過去に地球は再びポールシフトを起こす予定でしたが、その時、私は日本の富士山を起点にしてエジプト、イースター島の3地点をラインでつなぎ、3点止めでポールシフトを抑え込んでいます。地球は愛で、生物が喜びで、自然は調和のエネルギーを持っていますので、それらのエネルギーを使い、パラドックスを展開させたのです。ただ、それが今、危うい状態になってきているのも事実です。実際、前回のポールシフトで天地がひっくり返った時に残ったのが、日本、アジア、オーストラリアのあたりです。今度はそこがひっくり返ってアトランティスが浮上する可能性もあるのです。

そこで必要なのが人類が安心、安定、安全な仮想空間を創造することです。人間の思いが強くなれば、このポールシフトを止めることも可能です。日本人の創造力は世界が恐れた「術」なのですから、日本人がもともと持っている創造力を取り戻し、世界の、そして地球の存続のために、今こそ「母性愛の創造力」を集合意識として使わなければ手遅れになってしまうのです。

私たち自身も皆、神の能力を受け継ぐ者たちです。神々とともに霊止《ひと》となり、意志力で宇宙・人・地球をつなぎ、今こそエネルギーを使って大いなる仮想空間を届けるときです。

私自身も沖縄の久高島《くだかじま》におられる琉球の創世神アマミキヨ様、朱雀と龍神たちにも、ポールシフトを止めるためにお力添えをいただけるよう、お願いして参りました。その時、神が話されていたことをお伝えすると、「もともと日本に住んでいた和人は質素であったが、今の日本人は質素ではない。自然を慈しみ、質素であれば良いのだが」と懸念を抱いておられました。肥大した7つの大罪が、我欲のために度を超せば、新たな創造を前提に、地球は破壊されてしまうでしょう。日本人の食生活も、もともと1日3食ではありませんでした。「もったいない」「ありがたい」「おかげ様」という日本人特有の精神性を重んじて暮らしてきた民族です。使い捨てや飽食の西洋文化とは異なるものです。昔、ユダヤ民族が国を追われ、放浪した際に不食でも生き延びられたのは、生命エネルギーである「魔素（マナ）」を摂取していたからです。ただ、これらを摂取するためには、チャクラが開いていないと、生命の樹とつながることができないため、難しいでしょう。それは、下丹田にある第一チャクラと、足の裏にあるゼロチャクラをつないで生命の樹とつながり、そこから生命エネルギーを吸い上げるからです。

右足は、地球の海とつながっています。そして右足の親指は地球の土・大地とつながっています。一方、左足のかかとは地球のコアにつながり、親指は、地球のマグマにつながっています。左足が男足で、金運や財運、仕事運につながっていて、右足は女足で、家庭運や愛情、母性や健康運とつながっていますから。運を運ぶと書いて、運命と言いますが、それは足のチャクラが生命の樹とつながって動くことにより、操ることができるようになるからです。足が運命とつながっているということを理解できると、どこがどこにつながることで、何が稼働するかがわかります。本当のグランディングというのは、これを指します。また、必要なエネルギーを引き寄せ、目的に合わせて使うためには、呼吸法も必要な学習です。

「仙骨呼吸」の方法やメカニズムをご紹介しましたが、私はよく、「水の呼吸」「火の呼吸」「鉄の呼吸」「風の呼吸」という話をします。それは、五行のエレメントのエネルギーを、チャクラにつなぎ、自然エネルギーとつながることで、地球から必要なパワーを吸い上げるための術です。

抽象的な表現に聞こえるかもしれませんが、エネルギー操作が理解できるようになると、真の引き寄せが使えるようになります。例えば、好きな人を引き寄せようと思ったら、左の男足から、鉄の呼吸を使って鉄のエレメントで鉄網を作る（イマジン）。そして、相手の好きなことを聞いて、相手の好きな餌を巻いてラポール（相手に同調する）をかける。そして、①母性愛を使って、相手に同調して、慈愛でまず罠をかける。②自然界の調和を使って共鳴を起こし③男性愛である強引さや男らしさや博愛を使って共調させることが必要です。その領域展開を行うとき、必ず心は「空」＝ゼロの状態でなければ作用しません。この「空」の状態になると、情報空間につながることができるので、次は精神力のパワーを使って一気に押す。この押しが効いたときにやっと引き寄せが実現します。それは、精神力で意図して、相手に入り込んだ状態で、相手を飲み込んで、そのまま相手にかぶさっていくという感覚なのですが、あくまで自分は脱力した状態です。自己催眠と同時に相手を瞬間催眠状態にしているといった感覚です。真のグランディングがエネルギーとつながるために必須であるというのはこの、エレメントを引き上げるためです。

天と地をつなぎ、地球のエレメントや宇宙エネルギーを必要に応じて取り出せるようにするためには、最低限の修行として、ご紹介した「仙骨呼吸」「丹田呼吸」「大周天」「小周天」が必要になってきます。これを鍛錬することで、エネルギーの流れを知り、術を実践していくための手法とつながります。

この本を手に取ってくださった方は、魂からの何かしらのメッセージや導きを感じられたのかもしれません。それは、「捨て去るべき間違った大多数の情報に誘導され、人生を絶望とともに台無しにするようなことをしてほしくはない」という、全知全能のハイヤーセルフである、あなたの魂からの「Ｃａｌｌｉｎｇ」なのかもしれません。だからこそ、気づき、学び、ぜひ自分の能力を信じ、自分道を歩む未来の自分を、ぜひ今ここから始めていただきたいのです。日本人にとって、古来の能力を開花させることは、地球の存続を守る力になるはずです。

愛とともに、あなたの力を呼び覚ます扉を開いてください。

ディバイン・セレスティアル・ヒーラー　石橋　与志男

石橋与志男先生の施術は、来院施術（本人・代理）、ビデオ通話（Ｓｋｙｐｅでの無料通話）、電話通話、遠隔施術のいずれかご希望の方法で行います。詳しくはコスモライト石橋ＨＰにあるＭｅｎｕから、各施術の注意事項を必ずご確認ください。

https://cosmolight.co.jp/

コスモライト石橋
〒849-2204
佐賀県武雄市北方町大崎1204-2
【電話番号】
固定電話：0954-36-5489
携帯電話：090-3668-0739
携帯電話：090-8044-7037
※番号はよくお確かめの上、
お間違いがないようお掛けください。

GOD《ゴッド》 HEALING《ヒーリング》 シャーマンの教《おし》え

2024年 4月 30日　第1刷

著　　者　石橋与志男《ディバイン・セレスティアル・ヒーラー》

聞 き 手　石橋マリア

編　　集　黒岩 久美子

制作協力　畔上 治久（Is Factory）

発 行 者　菊地 克英

発　　行　株式会社 東京ニュース通信社
〒104-6224　東京都中央区晴海1-8-12
電話 03-6367-8023

発　　売　株式会社 講談社
〒112-8001　東京都文京区音羽2-12-21
電話 03-5395-3606

装　　丁　西尾 浩　　村田 江美

印刷·製本　株式会社シナノ

ISBN978-4-06-535290-8